हिंदू-दर्शन

हिंदू-दर्शन

डॉ. एस. राधाकृष्णन

प्रकाशक
प्रभात प्रकाशन प्रा. लि.
4/19 आसफ अली रोड, नई दिल्ली–110002
फोन : 011–23289777 • हेल्पलाइन नं. : 7827007777
इ–मेल : prabhatbooks@gmail.com ❖ वेब ठिकाना : www.prabhatbooks.com

संस्करण
2025

अनुवाद
श्री आनंद अभय

पेपरबैक मूल्य
तीन सौ रुपए

मुद्रक
नरुला प्रिंटर्स, दिल्ली

———— ★ ————

HINDU-DARSHAN
by Dr. S Radhakrishnan

Published by **PRABHAT PRAKASHAN PVT. LTD.**
4/19 Asaf Ali Road, New Delhi-110002

ISBN 978-93-5266-363-7

₹ 300.00 (PB)

अनुक्रम

1. हिंदू-दर्शन 7

2. हिंदू धर्म 29

3. इसलाम और भारतीय विचार 53

4. हिंदू विचार और ईसाई धर्म सिद्धांत 71

5. बौद्ध धर्म 99

6. भारतीय-दर्शन 105

हिंदू-दर्शन

मैं इस अध्याय में हिंदू विश्वास के मूल कारकों का पक्ष लेने के बजाय उनकी विवेचना प्रस्तुत कर रहा हूँ, ताकि इसके दार्शनिक सिद्धांत, धार्मिक अनुभवों, नैतिक चरित्र और पारंपरिक विश्वास को प्रस्तुत किया जा सके।

दार्शनिक आधार

हिंदू धर्म एक उत्कृष्ट युक्तिसंगत चरित्र के रूप में जाना जाता है। अपनी संपूर्ण स्वप्नदर्शी आशाओं की बेचैन भूल-भुलैया, व्यावहारिक आत्मत्याग, संकीर्ण धर्म सिद्धांत तथा अविचारी साहसिकता के साथ एवं चार या पाँच सहस्राब्धियों के आध्यात्मिक व ईश्वर मीमांसा के अथक प्रयासों के पश्चात् हिंदू विचारकों ने इसकी समस्याओं के साथ-साथ सत्य की विश्वसनीयता व वास्तविकता की अनुभूति के साथ इसे समझने का प्रयास किया है। चूँकि इसका दिशा-निर्देश ब्राह्मण विचारकों के द्वारा किया गया है, इसलिए इसे तथाकथित ब्राह्मणवादी सभ्यता के रूप में भी जाना जाता है और उन्हें मुद्दों को भौतिक अनुभवों के परिणामों के आधार पर बिना किसी भावनात्मकता के समझने के लिए प्रशिक्षित किया गया है।

हिंदू विचारकों के अनुसार यह संसार नश्वर है। यह संसार स्वतः ही एक अंतहीन गतिमान प्रक्रिया के रूप में है। वह पूछते हैं, "क्या यह स्वतः ही नष्ट हो रहा है या फिर नियति इसे समाप्त कर देगी?" और फिर जवाब भी देते हैं, "इस संसार में कुछ ऐसा भी है, जो कि नश्वर नहीं है और वह है ब्रह्म!" अनंत की यह अनुभूति सभी को कभी-न-कभी होती है, खासतौर से तब जब हम सर्वशक्तिमान की झलक या फिर उसकी विचारमग्न अनुभूति महसूस करते हैं, जो कि हमें भव्यता के एक आवरण से ढक लेती है। यहाँ तक कि जीवन के पीड़ादायक पलों में भी, यानी जब हम निर्धन या अनाथ होते हैं, तब भी हममें मौजूद सर्वशक्तिमान ईश्वर हमें महसूस कराता है कि इस संसार का दुःख या त्रुटियाँ सिर्फ एक बड़े नाटक के घटनाक्रम हैं और इनका अंत एक शक्ति, भव्यता एवं प्रेम के रूप में ही होगा।

उपनिषदों के अनुसार—"यदि इस ब्रह्मांड में आनंद न हो, तब इस संसार में कौन जी सकता है या साँस ले सकता है?" दार्शनिक रूप से सत्य एक आत्म समरूप ब्रह्म है, जो कि सभी में परिलक्षित होता है और संसार की रचना की पृष्ठभूमि बनाता रहता है। धार्मिक रूप से इसे ईश्वरीय आत्मचेतना कहा जाता है, जिसके गर्भ में संपूर्ण सृष्टि का विकास और अंतर्वलन समाहित रहता है। इस रूप में हिंदू धर्म के संचालन का आदर्श अंतिम सत्य का एकत्व ही रहा है। ऋग्वेद सर्वशक्तिमान वास्तविकता यानी एकात्मता पर ही विशेष बल देते हैं। उपनिषदों के अनुसार, एक ब्रह्म को ही उसके कार्यों के आधार पर कई नामों से पुकारा गया है। त्रिमूर्ति की अवधारणा महाकाव्य काल में ही उत्पन्न हुई थी और पुराणों के समय तक पूर्णरूपेण स्थापित भी हो चुकी थी। मानव चेतना की अनुरूपता, जिसे त्रिआयामी क्रियाशीलता यानी बोध, भावना एवं इच्छा को सर्वशक्तिमान यानी सत्, चित और आनंद जैसे

वास्तविकता, बुद्धिमानी और प्रसन्नता के रूप में व्यक्त किया गया है। सत्त्व या समचित्तता से आशय बुद्धि, रजस या ऊर्जा का संबंध ओजपूर्ण भावना और तमस से आशय ज्ञान और नियंत्रण के अभाव से है तथा ये तीनों ही सभी तरह के अस्तित्व के पहलू हैं। यहाँ तक कि ईश्वर का अस्तित्व भी इन त्रि-नियमों का अपवाद नहीं है। सृष्टि के तीनों कार्य जैसे निर्माण, स्थिति और लय यानी विनाश को इन तीनों गुणों—रजस, सत्त्व और तमस—के रूप में चिह्नित किया गया है। विष्णु, जिन्हें इस ब्रह्मांड का संरक्षक माना गया है, वे ही रजस और सत् गुणों के स्वामी कहे गए हैं तथा ब्रह्मा, जो कि सृष्टि के रचयिता के रूप में हैं, वह रजस तथा शिव सृष्टि का विनाश करनेवाले गुणों के स्वामी हैं। यहाँ एक सर्वशक्तिमान के इन तीन गुणों को अलग-अलग व्यक्तित्वों में बाँटा गया हैं और इनमें से प्रत्येक अपनी ऊर्जा या शक्ति के अनुसार कार्य करता है। इस प्रकार ब्रह्मा, विष्णु और शिव की शक्तियाँ क्रमशः सरस्वती, लक्ष्मी और काली बताई गई हैं। स्पष्ट रूप से कहा जाए, तब ये सभी गुण और इनके कार्य एक सर्वशक्तिमान के अंतर्गत इतने संतुलित ढंग से समाहित हैं कि पूरी तरह से किसी एक ही गुण को नहीं रखा जा सकता है।

1. वह अबोधगम्य ईश्वर, जो कि सर्वव्यापी, सर्वशक्तिमान और सर्वज्ञ है तथा यह प्रत्येक मन में अलग-अलग रूपों में विद्यमान है।
2. आदिकालीन ग्रंथों के अनुसार सर्वशक्तिमान ईश्वर के निराकार रूप का आकार जिज्ञासुओं की सहायता के लिए प्रस्तुत किया गया है।

दार्शनिक मनःस्थिति में खुलेपन की सोच के साथ देखें, तब हिंदुओं का विश्वास एवं धर्म की सापेक्षता का संबंध लोगों के आम चरित्र से जुड़ा हुआ है। इनके अनुसार धर्म एक दैवीय सिद्धांत मात्र नहीं है, जिसे

हम अपनी इच्छानुसार छोड़ या पकड़ सकते हैं। यह तो एक प्रजाति का आध्यात्मिक अनुभव एवं इसके सामाजिक विकास का लेखा-जोखा तथा समाज का एक आंतरिक तत्त्व है। विश्वासों की यह भिन्नता अप्राकृतिक नहीं है। इसका संबंध रुचि और मानसिकता से है यानी रुचिनाम वैचित्रियात।

जब आर्यों का संपर्क यहाँ के मूल निवासियों से हुआ, जो कि सभी तरह के देवताओं की पूजा करते थे, तब उन्हें अपने विश्वासों के परिवर्तित किए जाने की भावना एकाएक महसूस नहीं हुई थी। आखिरकार सभी लोग एक ही सर्वशक्तिमान को मानते हैं। भगवद्गीता के अनुसार, ईश्वर अपने जिज्ञासुओं की इच्छाओं को सिर्फ इसीलिए मना नहीं करता है कि वह उसकी सर्वोच्च सत्ता में विश्वास नहीं करते हैं। एक नियमों के समूह से दूसरे समूह की तरफ तेजी से जाने के प्रयास में अतीत के साथ एक तीव्र असंबद्धता तथा निरंतर भ्रम की स्थिति उत्पन्न होती है। इस दुनिया के महान् शिक्षक, जिनके पास पर्याप्त ऐतिहासिक समझ रही है, उन्होंने इस दुनिया की अपनी पीढ़ी के उन लोगों पर अपने विचारों का दबाव देकर बचाने की कोशिश नहीं की थी, जो लोग उनकी बातों को समझ नहीं सके या फिर उन्होंने उनका समर्थन नहीं किया था। यहाँ तक कि नैतिक शिक्षक ईसा ने भी तलाक के मसले पर उच्च आदर्शवाद के बजाय मूसा की यहूदियों से कानूनी माँग पर रियायत की बात कही थी। इस संदर्भ में हठधर्मी मत के लिए मार्क्स x11ff और ल्यूक svi.18 तथा मैथ्यू v.32 , viv9.

हिंदू विचारकों ने अपने स्वयं के जीवन में आदर्शवादी मानदंडों का पालन तो किया था, पर वे लोगों को इसके लिए बहुत इच्छुक नहीं पा रहे थे, इसलिए उन्होंने इसके लिए बलपूर्वक बाध्य करने के बजाय सावधानी से प्रेरित किया। वे मानते थे कि जन समूह अज्ञानतावश निचले

दर्जे के भगवानों को पूजता है और इसीलिए उनका अनुरोध था कि यह सभी एक सर्वशक्तिमान के अधीन हैं। कुछ लोग अपने भगवानों को जल में, कुछ स्वर्ग में और अन्य अलग-अलग चीजों में देखते थे, जबकि बुद्धिमान जानते थे कि वास्तविक ईश्वर सर्वव्यापी है तथा प्रत्येक हृदय में विद्यमान है। कमजोर मन के लोग ईश्वर को मूर्तियों में तथा सुदृढ मन ईश्वर को सभी जगह पाता है।

हिंदू-दर्शन और धर्म इस संसार में निरंतर विकास और अंतर्वलन को एक ब्रह्मांडीय स्पंदन के रूप में लेता है, जिसमें इसकी स्थिति हमेशा विश्राम और क्रियाशीलता के रूप में रहती है। यह संपूर्ण ब्रह्मांड ईश्वर की अभिव्यक्ति है। सायन के अनुसार, सभी चीजें सर्वशक्तिमान ईश्वर की ही अभिव्यक्ति हैं। ये सभी जीव अलग-अलग स्तरों में नजर आते हैं। इनमें से जो साँस लेते हैं, वे उच्च स्तर पर हैं तथा कुछ ने अपने मस्तिष्क को विकसित किया है और उनके पास ज्ञान है तथा इनमें से सर्वोच्च वे हैं, जो सभी जीवों में ब्रह्म का बोध महसूस करते हैं। इन सभी भिन्न-भिन्न रूपों के मूल में एक ही आत्मा विद्यमान है।

मानव में विद्यमान असीमित स्थितियाँ संसार की समाप्त होनेवाली सीमित स्थिति से संतुष्ट नहीं होती हैं। हमारी समस्या इस वास्तविकता की है कि हम स्वयं में विद्यमान ईश्वर को नहीं महसूस करते हैं। यदि हम स्वयं में विद्यमान सीमित और नश्वर से बच जाते हैं, तब स्वतंत्रता हमारे अधिकार क्षेत्र में रहती है। हम अपने जीवन में जितना अधिक असीम को शामिल करते हैं, हमारा स्तर उतना ही ऊपर उठता है। इसी स्थिति की अति अभिव्यक्ति को ईश्वरीय अवतारों के नाम से भी जाना जाता है। यह कुछ अलग हटकर ईश्वर का चमत्कारिक प्रदर्शन नहीं, बल्कि आम स्थिति से अलग सर्वोच्च सिद्धांतों की उत्कृष्ट अभिव्यक्ति है। गीता के अनुसार—"यद्यपि ईश्वर सर्वव्यापी और सभी में विद्यमान

होता है, पर स्वयं को विशेष स्तर तक उन्हीं में अभिव्यक्त करता है, जो भव्य होते हैं। ऋषियों, बुद्धों, पैगंबरों या मसीहाओं में ब्रह्मांडीय आत्म की तीव्र अभिव्यक्ति होती है। गीता यह दावा करती है कि वह आवश्यकता पड़ने पर प्रकट भी होंगे। जब निम्न स्तर का भौतिक स्वभाव जीवन पर अपना प्रभुत्व बनाएगा, तब राम या कृष्ण, बुद्ध या ईसा जैसे महान् धर्म की रक्षा के लिए उत्पन्न होंगे।

ऐसे व्यक्तियों में जो हमारी बोध-शक्ति से बाहर हैं तथा प्रेमयुक्त हृदय के स्वामी हैं, वह हमें प्रेम और सदाचार के लिए प्रेरित करते हैं, उन्हें हम ईश्वर के रूप में देखते हैं। वह हमें सत्य और जीवन के मार्ग दिखाते हैं। वह स्वयं की अंध उपासना का निषेध भी करते हैं, क्योंकि इसके उस आत्म महानता के एहसास में कमी महसूस होती है। राम ने स्वयं को एक व्यक्ति के पुत्र से अधिक कुछ नहीं समझा था। एक हिंदू जिसे अपने धर्म पर थोड़ा भी विश्वास है, वह मानवता की सहायता करनेवाले सभी लोगों का सम्मान करने के लिए तैयार रहता है। उसे यकीन होता है कि ईश्वर किसी भी शरीर में अवतार ले सकता है जैसे ईसा या बुद्ध के रूप में भी। यदि ईसाई विचारक यह स्वीकार करें कि ईसा की मध्यस्थता के बिना भी ईश्वर से संपर्क और उद्धार हो सकता है, तब हिंदू ईसा के धर्म के आवश्यक कारकों को प्रसन्नतापूर्वक स्वीकार कर लेंगे। ईश्वरीय अभिव्यक्ति मानव व्यक्तित्व का अतिक्रमण नहीं है, बल्कि यह मानव की वास्तविक आत्म-अभिव्यक्ति का उच्चतम स्तर है, क्योंकि मानव का वास्तविक चरित्र दैवीय है।

हममें मानवीय शाश्वत अस्तित्व का निरंतर प्रकटीकरण ही जीवन का उद्‌देश्य होता है। इसकी सामान्य प्रक्रिया कर्म या नैतिक कारणत्व से ही संचालित होती है। हिंदू धर्म इस तरह के एक ईश्वर में यकीन नहीं करता है कि वह अपने न्याय के आसन पर बैठकर प्रत्येक मामले

का उसकी गुणवत्ता के आधार पर फैसला करता है। वह अपनी इच्छा से न्याय करते हुए दंड को बढ़ाता या उससे मुक्ति दिलाता है। चूँकि ईश्वर प्रत्येक व्यक्ति में विद्यमान है, इसलिए व्यक्ति की प्रकृति के अनुसार कर्म का नियम लागू होता है। प्रत्येक पल मनुष्य अपनी स्वयं की पड़ताल पर रहता है तथा उसका प्रत्येक ईमानदार कर्म उसके शाश्वत प्रयास में बेहतर सिद्ध होगा। जब तक हम ईश्वर की एकात्मकता के साथ स्वयं को समाहित न कर लें, हमारा यह चरित्र-निर्माण भविष्य में भी जारी रहेगा। ईश्वर की संतानें, जिनकी आँखों में हजारों साल एक दिन के समान हैं, वह यदि एक जीवन में पूर्णता के अपने लक्ष्य को हासिल नहीं कर पाते हैं, तब भी उन्हें हताश होने की जरूरत नहीं है। सभी हिंदू पुनर्जन्म की अवधारणा को स्वीकार करते हैं।

यह संसार हमारी त्रुटियों से भरा हुआ है। हमारा खंडित जीवन ही सृष्टि की रचना में समाहित होता है और इसे पुनर्व्यवस्थित करने की जरूरत है। यह ब्रह्मांड एक लंबे समय से बार-बार प्रकट और लुप्त होता रहा है तथा यह निरंतर रूप से एक अकल्पनीय अनंतकाल के आने तक होता भी रहेगा।

धार्मिक अनुभव

धर्म सिर्फ एक प्रस्ताव या सूत्र नहीं है, बल्कि इसका उद्‌देश्य व्यक्ति को इस योग्य बनाना है कि वह स्वयं में ईश्वर की अनुभूति कर सके तथा स्वयं को उसकी एकात्मकता के साथ विकसित करे। इस धार्मिक अनुभूति तक पहुँचने का मार्ग नहीं निर्धारित किया जा सका है। मनुष्य की आत्मा की प्रकृति अनंत है तथा इसमें असीमित संभावनाएँ भी हैं एवं जिस ईश्वर की उसे तलाश है, वह अनंत और अपरिमित है। इस अनंत आत्मा और अनंत वातावरण की आपसी प्रतिक्रिया को एक

सीमित आकार में संकुचित नहीं किया जा सकता है। हिंदू विचारकों के अनुसार, जीवन की इस कभी न थकनेवाली स्थिति को एक स्थायी मापदंड में नहीं सीमित किया जा सकता है। एक प्रचलित सूक्ति के अनुसार जिस तरह से एक चिड़िया आकाश में उड़ती है या फिर मछली समुद्र में तैरते समय अपने पीछे निशान नहीं छोड़ती है, ठीक इसी प्रकार जिज्ञासुओं द्वारा ईश्वर को प्राप्त करने का मार्ग भी नजर नहीं आता है। उपनिषदों के ऋषियों, यहूदी पैगंबरों और धर्मों के संस्थापकों ने भी ईश्वर की वाणी सुनी है और उनकी उपस्थिति भी महसूस की है। ईश्वर अपने भक्तों के प्रति पूरी तरह से निष्पक्ष है, चाहे वह जिस भी मार्ग से उसके पास पहुँचे। गीता में भगवान् कहते हैं कि 'कोई भी, किसी भी रूप में मेरे पास आए, मैं उस तक पहुँचूँगा।'

मानव चेतना की त्रिआयामी क्रियाशीलता को तीन आधारों—ज्ञानमार्ग, भक्तिमार्ग और कर्ममार्ग में विभक्त किया गया है। विचार, भावना और इच्छा अलग-अलग गुण नहीं हैं, बल्कि अनुभव के नजर आनेवाले पहलू हैं। इनमें से प्रत्येक का संपूर्णता के लिए अपना सहयोग होता है और यह दूसरों के द्वारा प्रभावित भी होता है। सही ज्ञान, सही इच्छा और सही कर्म साथ-साथ चलते हैं। इनमें से प्रथम हमें सत्य से अवगत कराता है तथा दूसरा इसके लिए प्रेम उत्पन्न करता है और तीसरा जीवन को आकार प्रदान करता है। संवेदनाविहीन ज्ञान हमें कठोर हृदय वाला बनाता है तथा बिना ज्ञान की भावना एक उन्माद की भाँति है तथा विवेकहीन कर्म, जिसमें प्रेम न हो, वह एक बेचैनी और अर्थहीन परंपरा मात्र है। यह तीनों ही एक पूर्ण जीवन के समग्र अनुभव के लिए महत्त्वपूर्ण हैं। जब अलग-अलग लोगों में इन तीनों ही स्थितियों में परिवर्तन आने लगता है, तब उनके जीवन में अलग-अलग रास्तों से समस्याएँ भी आने लगती हैं। गीता के अनुसार, शुद्धीकरण के लिए

ज्ञान या बुद्धिमानी से बेहतर और कुछ भी नहीं है। उपनिषदों में विद्वान् मुनि नारद और जिज्ञासु सनत कुमार के बीच वार्त्ता के प्रमुख वाक्य में बताया गया है कि ज्ञान सिर्फ तार्किक शिक्षा नहीं है, जिसे मात्र शब्दों में ही व्यक्त किया जा सके।'' मनुष्य की प्रकृति स्वतंत्र और बुद्धिमान है, परंतु हमारी सीमाएँ हमें हमारी वास्तविकता से दूर करके हमें त्रुटियों में डाल देती हैं। तार्किक प्रश्न यह नहीं है कि व्यक्ति इसे क्यों जानता है, बल्कि वह क्यों और कैसे इसे जानने में असफल है। इसकी मूल वजह हमारी सीमाबद्धता ही है। जब हमें वास्तविकता का अनुभव होता है, तब हमारा बौद्धिक विकास इन सीमाओं को तोड़ देता है। ज्ञान की यह स्थिति, बोध और प्रतीकों से मुक्त तथा वास्तविकता के नजदीक होती है। संकल्पनात्मक अवधारणा और तार्किक शिक्षा हमें वास्तविक बुद्धिमानी की तरफ ले जाने में सहायक होती है। गीता ज्ञानम् विज्ञान सहितम् यानी अंत: प्रज्ञा के साथ तार्किक क्षमता पर भी बल देती है। बिना तार्किक सहयोग, यह अंत:प्रेरणा सिर्फ भावना के ही रूप में रहती है। गीता के अनुसार सत्य की चेतना सर्वव्यापक है तथा हम इस अनुभव को अपने प्रार्थनामय दृष्टिकोण से प्राप्त कर सकते हैं। जब हम अपने बौद्धिक अहं को समाप्त करके अपनी मानसिकता को ग्रहणशील बनाते हैं, तब हम स्वर्ग से आनेवाली समीर के लिए स्वयं को तैयार करते हैं। अनुशासित योग हमारे मस्तिष्क को नि:शब्दता में सर्वशक्तिमान की वाणी सुनने के लिए प्रशिक्षित करता है, तत्पश्चात् हम स्वयं में आत्मा की पहचान महसूस करते हैं।

ईश्वर की संज्ञानात्मक तलाश का मार्ग धीमा और कष्टप्रद होता है। इस सृष्टि के परमपिता एवं रचयिता की तलाश कठिन है। हमारा जीवन बहुत ही छोटा और तलाश बहुत ही धीमी होती है। हमारे लिए इसका इंतजार मुश्किल है। हमें उसको देखने की बहुत ही जल्दी रहती

है। हम कुछ ऐसे मतों को अपनाना चाहते हैं, जो कि हमें जीवन में स्थिरता प्रदान करें और कुछ करने और पाने के संदेहों से मुक्त करें। ईश्वर तक पहुँचने में लोगों की अधीरता उन धूर्त लोगों के लिए ऐसा अवसर प्रदान करती है, जो शीघ्र मोक्ष की तलाश में रहते हैं और ऐसे लोगों में यकीन भी करते हैं। अंधविश्वास और चमत्कार आम लोगों के जीवन का एक हिस्सा बन जाते हैं। ब्राह्मणवादी परंपरा में तर्क पूरी तरह से त्याज्य नहीं था। सत्य की समझ लोगों के जीवन को नियंत्रित करती है। दर्शन के उत्कृष्ट सत्य को आम लोगों की समझ के लिए लघु कथाओं और कथाओं के माध्यम से बताया गया है, ताकि सभी लोग जीवन के कठिन एवं जोखिम भरे मार्ग को सुरक्षित पार कर सकें तथा सभी जगह आनंदपूर्वक रहते हुए सही ज्ञान प्राप्त कर सकें। पुराणों की कहानियाँ कमजोर मन के लोगों को बेहतर स्थिति में लाते हुए उनकी आंतरिक भावना को सुदृढ बनाती हैं।

हिंदू विचारकों ने देश भर में व्याप्त आराधना के सभी रूपों को स्वीकार करते हुए दैवीय आराधना के रूप में इन्हें उत्कृष्ट रूप दिया है और यही ईश्वर की विद्यमानता भी है। शिवपुराण में वर्णित एक श्लोक के अनुसार—"ईश्वर की विद्यमानता की वास्तविक अनुभूति ही उत्तम स्थिति है। दूसरा दर्जा ध्यान और चिंतन का है तथा तीसरा स्तर प्रतीकों की आराधना का है, जिससे सर्वशक्तिमान का स्मरण होता है तथा चौथा स्तर परंपराओं और पवित्र स्थानों की तीर्थयात्राओं का होता है।"

ऋग्वेद में मूर्तिपूजा का उल्लेख नहीं है। इसका प्रचलन बाद में आया है। इसे अपूर्ण विकास के स्तर के साथ जोड़कर देखा जाता रहा है। मानव का रुझान सभी चीजों में ईश्वर को देखने का रहा है तथा वह ईश्वर को सचित्र रूप में समझता है। वह प्रतीक और कला के अलावा अपने मानसिक दृष्टिकोण को व्यक्त नहीं कर सकता है। हालाँकि

अपर्याप्त प्रतीक भी वास्तविकता की अभिव्यक्ति हो सकते हैं तथा जब तक वे ईश्वर की प्राप्ति हेतु मानव प्रयासों में सहायक होते हैं, वे सह्य भी होते हैं। यह प्रतीक तब तक नहीं हटते, जब तक इनसे उचित दृष्टिकोण मिलता रहता है।

मूर्तिपूजा के संदर्भ में प्रो. गिलबर्ट मरे के फोर स्टेजेज ऑफ ग्रीक रिलीजन से उद्धरण हैं, जो कि प्रतीक उपासना में हिंदुओं के दृष्टिकोण का समर्थन करते हैं। ''परमपिता ईश्वर जो कि सूर्य और आकाश से भी पुराना है तथा समय और दीर्घकाल से भी बड़ा है तथा इसके प्रवाह का कोई नाम नहीं है एवं इसे न तो किसी आँख से देखा जा सकता है और न ही किसी आवाज से इसका उच्चारण ही हो सकता है। किंतु हम, जो कि उसकी विद्यमानता को समझने में असमर्थ हैं, इसलिए इसके लिए ध्वनि, नाम और चित्रों के रूप में सोना, चाँदी, हाथीदाँत, पेड़ों, नदियों, पहाड़ों की चोटियों और मूसलधार वर्षा का सहारा लेते हैं। हम अपनी कमजोरियों के कारण एक सांसारिक प्रेमी की भाँति इस संसार में जो कुछ भी सुंदर है, उसकी प्रकृति के रूप में उसका नाम दे देते हैं। इनके लिए अतिसुंदर दृश्य उनके परमपिता की वास्तविक विशेषता है, परंतु स्मृति के लिए वे वीणा, छोटी बरछी, सिंहासन, खेल का मैदान या इस संसार की ऐसी और भी चीजें अपनाते हैं, जिससे उनके परमपिता की स्मृति बनती हो। इन छवियों के बारे में मुझे धारणा बनाने की क्या आवश्यकता है? लोगों को समझने दें कि ईश्वर क्या है? इन छवियों के बारे में मुझे फैसले देने की क्या आवश्यकता है? यदि ग्रीस के लोग ईश्वर को फीडिअस की कला में देखते हैं, मिस्र के लोग पशुओं की आराधना करते हैं तथा कोई नदियों या अग्नि में ईश्वर को देखता है, तब भी मुझे इस अंतर से नाराजगी नहीं है; उन्हें ईश्वर को याद करने दो, उससे प्रेम करने दो और उसे जानने दो।'' यह शब्द कितने सच्चे

और सह्य हैं तथा हमारे कानों में अपना असर दिखाते हैं, जो कि कट्टर मिथ्या मतों एवं नीरस धर्म सिद्धांतों को सुनने के आदी भी हैं। यदि मूर्ति के प्रतीकात्मक कार्य की अनदेखी होती है या इसके रूपक को इस रूप में देखा जाता है कि इसका अस्तित्व ही नहीं है, तब भी हिंदू विचारक मूर्तिपूजा के प्रभावी चरित्र को नहीं भूलता है। योगी ईश्वर को छवियों में न देखकर स्वयं में देखते हैं। वे मूर्तिपूजा को उपासना के निचले स्तर पर वैसे ही लेते हैं जैसे दूध बच्चों के लिए और मीट बड़ों के लिए होता है। हिंदूवाद ने उन्नत दार्शनिक समझदारी के साथ-साथ प्रतीक आराधना का भी धार्मिक वातावरण बनाया है, जिसमें भव्य कला भी समाहित है। इसमें सभी धार्मिक भावनाओं और सांस्कृतिक स्तर के व्यक्तियों के लिए स्थान है। हिंदू धर्म में समान छत के नीचे रहनेवाले विकसित होते युवाओं के लिए भी अति शुद्ध उपासना की व्यवस्था है, जिसमें खिलौने तोड़कर बच्चों की भावनाओं का इसलिए दमन नहीं है कि हम बड़े हैं और हमें उनकी जरूरत नहीं है।

भावनात्मक स्वभाव के व्यक्ति ईश्वर को पूर्ण सौंदर्य या प्रेम के रूप में ही देखते हैं और उसी के आनंद में खो जाना चाहते हैं। कृष्ण इसी तरह के प्रेम और सौंदर्य के देवता हैं और पुरुषों तथा मुख्यतः स्त्रियों में उनका आकर्षण बहुत है और उनके प्रति इन सभी की भावना और भक्ति महान् है। एक मर्मस्पर्शी लोकगीत की पंक्तियाँ कहती हैं, "उनकी बाँसुरी की पुकार है और मैं जरूर जाऊँगी, हालाँकि रास्ता घने जंगल से होकर है, पर मैं जरूर जाऊँगी। जब उनकी सम्मोहक पुकार आती है, तब कोई रुक नहीं सकता। सौंदर्य बोध रखनेवाले के लिए भावनात्मक तीव्रता ही उसे पूर्ण संतुष्टि प्रदान करती है। सुंदरता का होना अपने आप में उसके लिए एक क्षमाप्रार्थना है। भक्त ईश्वर के चरणों से लिपट जाता है और पृथ्वी की किसी भी चीज के बदले उन्हें छोड़ने से मना कर

देता है। तुकाराम कहते हैं, ''मैंने तुम्हारे पाँव पकड़ लिये हैं और अब मैं उन्हें जाने नहीं दूँगा। मुझे इसके अलावा और कुछ नहीं चाहिए, मैं उन्हें नहीं जाने दूँगा।'' चैतन्य कहते हैं, ''मुझे धन की, आदमियों की, सुंदर औरतों की और न ही काव्य-विद्वानों की लालसा है। हे परमपिता ईश्वर, मेरी लालसा है कि मेरे प्रत्येक जन्म में आपकी तरफ मेरी भक्ति बढ़ती जाए।'' हिंदू विचारकों ने सत्य के प्रति प्रेम और अच्छाई के साथ धार्मिक भक्ति को बढ़ाने की प्रकृति के लिए संघर्ष किया है। वे अच्छी तरह जानते थे कि भावनाएँ अकेले काम नहीं करती है। वह स्वयं में नैतिक रूप से रंगहीन होंगी। भावनाओं का महत्त्व उस स्रोत से है, जिससे वह पनपती हैं, चाहे वह भक्ति हो या फिर निम्नस्तरीय ऐंद्रिक लिप्तता। भक्ति का मत यह नहीं दरशाता है कि सभी तरह की भावनाएँ पवित्र होती हैं। ऐसी भावनाएँ, जिनमें विचारशील विनम्रता के साथ ईश्वर पर अटूट निर्भरता का बोध हो, वही सच्ची धार्मिक भावना या भक्ति है। व्यक्ति के कर्म में समर्पण के रूप में ऐसी भावनाएँ अभिव्यक्त होती हैं। आराधना, संगीत, कला, धर्म की भावना को बढ़ाते हैं।

व्यावहारिक मन:स्थिति के व्यक्ति ईश्वर की तलाश कर्तव्य, कर्म, समाजसेवा और यज्ञ में ही करते हैं। स्वतंत्रता मानव की प्रकृति है; हमारे बंधन की मूल वजह प्रतिबंध है, जो कि हमें स्वयं में ही कैद करते हैं। हमारी दासता तभी पूरी हो जाती है, जब हम इसे जकड़ना शुरू कर देते हैं और जब हम अपने चारों तरफ खड़ी की गई स्वार्थ की दीवार को तोड़कर स्वयं को पहचानते हैं, तब भयमुक्त होकर प्रेम करते हैं और अपनी कटुता को मिटाकर सभी तरह की घृणा को दूर कर देते हैं। सिर्फ यांत्रिक नैतिकता हमें पार नहीं पहुँचा सकती है, इसके लिए ईश्वर के साथ एक जुड़ाव भी आवश्यक है। इस स्थिति के बाद ही हमें महसूस होगा कि प्रत्येक व्यक्ति में सूर्य के केंद्र से आनेवाले शाश्वत प्रकाश की

किरणें मौजूद हैं। जब हम व्यक्ति से प्रेम करते हैं, तब हमारी चेतन आत्मा के स्तर पर उसके साथ एकात्मकता महसूस करती है और हम अपने जीवन में इस चेतना का प्रभाव डालते हैं। हिंदू धर्म का नैतिक चरित्र ही हमारा अगला विषय भी है।

नैतिक चरित्र

नैतिक अनुशासन, जो कि जीवन के सिद्धांत का एक कर्तव्य है तथा यह व्यक्ति की क्षमताओं से उसे परिचित भी कराता है, ताकि वह अपने अतीत की जकड़न और भविष्य के भय से मुक्त होकर अपनी आत्मा के साथ सुरक्षित रूप से रह सके। नैतिकता के साथ जीवन जीने में हम अपने जीवन के प्रत्येक फल एवं अपनी चेतना का मधुर संबंध ईश्वर के साथ बनाए रखते हैं। एक आदर्श व्यक्ति हमेशा दैवीय प्रकाश में रहता है और उसका जीवन सत्य, शुद्धता, प्रेम और त्याग के गुणों से युक्त रहता है। व्यक्ति की नैतिक प्रगति का मानक प्राकृतिक बलों पर उसकी ताकत से नहीं होता है, बल्कि उसके मन की दीवानगी पर उसके नियंत्रण से होता है। गोलियों की बौछार के बीच भी सत्य बोलना, प्रतिशोध की भावना का न होना, मानव और पशुओं का सम्मान, दूसरों के लिए परिश्रम और स्वयं पर नियंत्रण ही मानव का प्रमुख कर्तव्य है। हमारे आधुनिक सुधारक इन सभी को बहुत ऊँचा मानकर नकार सकते हैं और इसे मानव स्वभाव के दैनिक भोजन के लिए अनुपयुक्त भी मानते हैं। यह उत्कृष्ट आदर्श भारत के कमजोर मनों की संतुष्टि के लिए या फिर गैलीली के मछुआरों के लिए तो ठीक है, पर इनका पूरा होना असंभव है। हिंदू विचारकों ने मानव स्वभाव की वास्तविक स्थिति और इस पूर्ण आदर्श से दूरी को समझते हुए व्यक्ति को उसकी नियति के लिए प्रशिक्षित करने हेतु एक संस्कृति और अनुशासन की रचना की थी। इन संस्थानों और

इसके प्रभावों की जटिलता, जिसने लोगों की नैतिक भावना और चरित्र को आकार दिया था, इसे ही धर्म कहा गया और यही हिंदू धर्म के मूल कारक हैं। हिंदूवाद का यकीन बलपूर्वक पंथ की वकालत करने में नहीं है, बल्कि यह सभी हिंदुओं को इसके अनुशासन पर यकीन करने के लिए आमंत्रित करता है। यह एक पंथ के बजाय एक संस्कृति है। यदि तुम धर्म पर रहोगे, तब सत्य के सिद्धांत को समझ जाओगे। धर्म उस अग्नि को सुलगाने में सहायक है, जो कि प्रत्येक व्यक्ति में लपट बनाने के लिए मौजूद रहती है।

धर्म लोगों की आत्मचेतना के द्वारा प्रस्तुत आचार संहिता है। यह किसी एक व्यक्ति की चेतना द्वारा प्रस्तुत नहीं है तथा न ही किसी कानून के द्वारा बलपूर्वक लागू ही किया गया है। यह व्यवहार की ऐसी पद्धति है, जिसे आम सहमति या लोगों का सहयोग प्राप्त है। इस स्थिति को जर्मनी के लोगों ने 'सिटिलिशेकिट' कहा है और इसके अनुसार—''व्यवहार के सिद्धांत लोगों के आपसी संबंधों को नियंत्रित करते हैं और उनकी आदतें बनकर संस्कृति के स्तर तक पहुँचते हैं तथा जिनके बारे में हमें स्पष्ट रूप से पूरी समझ भी नहीं है।'' धर्म लोगों को बलपूर्वक सद्गुणों की तरफ नहीं ले जाता है, बल्कि उन्हें इसके लिए प्रशिक्षित भी करता है। यह यांत्रिक नियमों की स्थायी संहिता नहीं है, बल्कि एक ऐसी जीवित आत्मा है, जो कि समाज के विकास के अनुरूप विकसित होती है। यहाँ तक कि भारत में धर्म की स्थिति सेवक के रूप में थी तथा यह नैतिकता से ऊपर नहीं थी। इसका कार्य परिवर्तन करना या वार्षिक धर्म नहीं था, बल्कि सिर्फ संचालन करना था। यह लोगों के जीवन में हस्तक्षेप नहीं करता था।

कई तरह के धार्मिक पंथों, राजवंशों के युद्धों, राजनीतिक शत्रुता के बावजूद चार हजार सालों से धर्म या सामाजिक जीवन का सिद्धांत

समान बना रहा। भारतीय जीवन की जाग्रत् निरंतरता इसके इतिहास में न दिखकर इसकी संस्कृति और सामाजिक जीवन में नजर आती है। प्लासी के युद्ध के बाद से ही भारत राजनीतिक मोह से ग्रस्त हो गया था। आज राजनीति जीवन में समाहित हो चुकी है। राज्य समाज पर हावी है और रवींद्रनाथ टैगोर के अनुसार, भारत पश्चिमी समझ के अनुरूप अपने सभी गुणों और कमियों के साथ एक राष्ट्र बनने के लिए संघर्ष कर रहा है।

धर्म के दो पक्ष होते हैं—वैयक्तिक और सामाजिक। ये दोनों आपस में एक-दूसरे पर निर्भर भी रहते हैं। वैयक्तिक चेतना को मार्गदर्शन की आवश्यकता होती है और उसे उसके उद्देश्य को समझने का तरीका सिखाया जाता है तथा उसे अपनी समझ के साथ नहीं, बल्कि आत्मा के साथ रहना पड़ता है। समाज के हित में दोनों पर ही ध्यान देने की जरूरत पड़ती है। धर्म ही सभी जीवों को व्यवस्थित ढंग के साथ मिलाए रखता है। सामाजिक कल्याण के लिए सद्गुण सहयोग प्रदान करता है, जबकि दुर्गुण इसका विपरीत होता है। बार-बार इस तथ्य पर बल दिया गया है कि उत्कृष्ट सद्गुणों का समावेश ही नित्य कर्म कहा जाता है, जिसमें स्वच्छता, नेक व्यवहार, समाज-सेवा और प्रार्थना शामिल है। वर्ण आश्रम धर्म-समाज के वर्गों और व्यक्तिगत जीवन के स्तर को दरशाता है।

पृथ्वी पर व्यक्ति का अंत किसी आनंद की सुनिश्चितता नहीं करता है, जैसे कि कोई मिशन पूरा हो गया हो। इसकी प्राप्ति के लिए व्यक्ति की शिक्षा आवश्यक है, जिसमें संयम और कष्ट शामिल हैं। प्रत्येक मानव के जीवन में चार स्तरों की विवेचना की गई है। प्रथम चरण ब्रह्मचर्य है, जिसमें युवा मस्तिष्क के आत्मसंयम, शालीनता, ब्रह्मचर्य और समाज सेवा के लिए तैयार होना पड़ता है। चाहे व्यक्ति धनी हो या निर्धन या फिर किसी भी वर्ण या वर्ग का हो, उसे इस अनुशासन से गुजरना ही पड़ता है। व्यक्ति का दूसरा स्तर गृहस्थ का है, जिसमें उसे परिवार की

जिम्मेदारी निभानी पड़ती है। इसमें व्यक्ति समाज का एक सदस्य बनता है और इसके अधिकार एवं जिम्मेदारियाँ भी सँभालता है। इस स्थिति में मानवीय समाज की मधुर आदतें भी विकसित होती हैं और इनकी सहायता से हम अपने साथ के लोगों से संबंध भी बनाते हैं। इस स्तर में स्वयं सहयोग, मितव्ययिता और अतिथि-सत्कार भी शामिल है। गृहस्थ का सम्मान बहुत अधिक होता है, क्योंकि वह अन्य तीनों स्तरों का सहयोग करता है। तीसरा स्तर वानप्रस्थ का है, जिसमें व्यक्ति से आशा की जाती है कि वह सांसारिक वस्तुओं से अपने लगाव पर नियंत्रण रखे और गृहस्थ आश्रम के घटनाक्रमों से उत्पन्न अपने मिथ्याभिमान पर संयम रखे, जैसे जन्म या संपत्ति का दंभ या फिर सौभाग्य या विद्वत्ता का अहं आदि। वानप्रस्थ आश्रम आत्मत्याग की भावना के लिए भी जाना जाता है। संन्यास की स्थिति में व्यक्ति उच्च स्तर के जीवन के लिए पूर्णरूपेण अनुशासित होकर मानवता की सेवा के मुक्त भाव से आत्मा की शक्ति में ही शांति प्राप्त करता है। इस स्थिति में अनादि अनंत के साथ पूर्ण सामंजस्य स्थापित हो जाता है और मानवीय शिक्षा का अंत हो जाता है। ऐसे संन्यासी संसार को नष्ट होता छोड़कर स्वयं को संसार से अलग-थलग नहीं कर लेते हैं। बुद्ध, शंकर, रामानुज, रामानंद और बहुत से संन्यासी इसी वर्ग में आते हैं, जिन्होंने अपने धर्म की आधारशिला रखी है। इनका नाम आज हमारे राष्ट्र की विरासत का हिस्सा है।

जाति के नियमों का संबंध व्यक्तियों के सामाजिक कार्यों से है। सामाजिक व्यवस्था में एक खास बिंदु पर मानव व्यक्तित्व को केंद्रित करके ही इसके स्वभाव को बनाया जा सकता है। चूँकि मानव में मानसिक जीवन के तीनों पहलुओं में से एक या और अधिक नजर आते हैं, जैसे विचारों के व्यक्ति, भावनाओं के व्यक्ति और कर्म के व्यक्ति। जिन व्यक्तियों में इन तीनों ही गुणों का अभाव होता है, वे शूद्र हैं। इनसे बौद्धिक, युद्धप्रिय,

उद्यमी और अकुशल श्रमिकों का पता चलता है, जो कि एक जैवीय संपूर्ण के सदस्य हैं। अत: ऋग्वेद के काल में जैवीय प्रकृति को सिर, हाथ, धड़ और पैरों के माध्यम से समाज के चारों वर्गों को व्यक्त किया गया था। इस स्थिति में प्रत्येक वर्ग अपना स्थान, अधिकार और कर्तव्य रखता है। चूँकि सभी कर्म महत्त्वपूर्ण हैं, इसलिए जाति के अहं को प्रोत्साहित नहीं किया गया है। जातियों से अधिकार नहीं, बल्कि जिम्मेदारियों का पता चलता है। ऐसा कोई व्यक्ति नहीं है, जिसमें कोई गुण न हो, हालाँकि अलग-अलग लोगों में अलग-अलग गुणों की प्रभुता होती है। हमारे कार्यों की पूर्णता, सिर्फ संपूर्णता में सहयोग नहीं है, बल्कि आत्म-अभिव्यक्ति का माध्यम भी है। प्रत्येक व्यक्ति के अपने कर्म की एक विशेषता है, जो कि उसके कर्म में प्रकट होती है और यही स्वधर्म है।

हिंदू धर्म का आदर्श सभी व्यक्तियों को ब्राह्मण व संत बनाना है, ताकि वह आंतरिक मुक्ति और आध्यात्मिक संवाद का आनंद प्राप्त कर सके, साथ-ही-साथ बुराइयों से भी बचे रहें, जैसे हिंसा-प्रतिहिंसा और यदि कोई उन्हें चोट पहुँचाए, तब भी धैर्य और प्रेम बनाए रखें। इनमें घृणा का भाव न होकर आनंद का भाव रहे। ब्राह्मणत्व को मानव स्वभाव का उच्चतम स्तर माना गया है। आध्यात्मिक आदर्श के आधार पर ही सामाजिक ताने-बाने का गठन किया गया है। मानव के पास ऊँचा उड़ने के लिए पंख नहीं हैं, इसलिए उसे कदम-दर-कदम प्रयासों और तप के माध्यम से संतुष्ट रहना पड़ेगा। हिंदू सामाजिक ढाँचा इसे वर्ग में विभक्त करता है। मैं इस बिंदु को अहिंसा और गौरक्षा के माध्यम से समझाना चाहता हूँ। मनुष्यों और पशुओं को मारो मत। यह ऐसा नियम है, जो कि मानवों पर लागू होता है। प्रत्येक ब्राह्मण को इसका सम्मान करने के लिए कहा गया है। हालाँकि यह व्यवस्था ऐसे योद्धा वर्ग को भी जन्म देती है, जिनका पेशा मरना और मारना है। इस व्यवस्था को बनानेवालों ने आँख

के बदले आँख या दाँत के बदले दाँत वाली मानव प्रतिक्रिया को महसूस किया था और उन्हें लगा था कि इसकी जड़ें मानव स्वभाव में गहराई से जमी हुई हैं। इसे एकाएक हटाया नहीं जा सकता है। जब बुराई के सम्मुख समर्पण गलत हो, तब हिंसा से इसके विरोध की स्वीकृति है तथा योद्धा वर्ग से कहा गया है कि बलपूर्वक इसका विरोध उनका कर्तव्य भी है। हालाँकि मानव स्वभाव को एक तरह की छूट प्रदान की गई है और क्षत्रियों से कहा गया है कि ब्राह्मणों के द्वारा अपनाया गया प्रेम का भाव उनके द्वारा अपनाए गए क्रूर भाव के नियम से श्रेष्ठ है। इस प्रकार क्षत्रिय विकास के निचले स्तर का प्रतिनिधित्व करते हैं, क्योंकि वह मानव को ईश्वर के ज्योतिपुंज के रूप में न देखकर हाड़-मांस के रूप में देखते हैं। क्षत्रिय से बिना घृणा, बिना किसी प्रतिशोध, सिर्फ कर्तव्य भाव से भाईचारे की स्थापना के लिए युद्ध के लिए कहा गया है। यदि क्षत्रिय मानवता की इस भावना के साथ व्यवहार करता है, तब उसकी आध्यात्मिक उन्नति होगी तथा वह क्रूर शक्तियों पर कम निर्भर होगा और अंततः वह ब्राह्मणत्व को प्राप्त करता हुआ पृथ्वी के जीवों को हानि नहीं पहुँचाएगा। हालाँकि हिंसात्मक प्रतिशोध की स्वीकृति होने के बावजूद इसका अंत इससे दूर होने में ही है। हमें प्रकृति के बहाव के साथ बहते हुए इसके परे पहुँचना है।

हिंसा की खिलाफत का नियम जानवरों के संसार में भी लागू होता है। इसका तार्किक अर्थ यह भी है कि हमें पशु का आहार करने से भी दूर रहना चाहिए। चूँकि पशु भी ईश्वर की ही रचना है। इसलिए इसके साथ भी दयालुता का व्यवहार होना चाहिए। गाय पशु संसार का प्रतीक है। हिंदुओं द्वारा दैनिक प्रार्थना में ब्राह्मण और गौरक्षा की माँग की गई है, क्योंकि यह दोनों ही पशु और मानव संसार के प्रतीक हैं तथा इनसे हमारे शरीर और आत्मा को पोषण प्राप्त होता है। गांधी लिखते हैं—"गाय को

देवत्व का दर्जा दिए जाने का कारण स्पष्ट है। गाय भारत के लोगों की सर्वश्रेष्ठ सहयोगी थी। यह प्रचुर मात्रा में भोजन प्रदान करती है तथा यह असहायों की साथी तथा भारतीय मानवता की माता के रूप में है। गौरक्षा का आशय ईश्वर की मूक रचना की रक्षा है।" किंतु भारत में ऐसे भी लोग थे, जिनके मन में पशु-संसार के प्रति दया नहीं थी। उन्हें अपनी आदतों के खिलाफ होने के लिए प्रशिक्षित किया जाना था। ब्राह्मणों के आदर्श में मांसाहार नहीं था तथा यह आहार या मनोरंजन के लिए भी किसी को कष्ट नहीं पहुँचाते थे। इसके साथ ही उन्हें इसके प्रभाव में रहने के लिए प्रेरित भी किया जाता रहा है। योद्धा और व्यापारी वर्ग भी मुख्यत: शाकाहारी ही था। यहाँ तक कि शूद्र भी पवित्र दिनों में मांसाहार नहीं करते हैं। अत: शाकाहार के प्रति यह निरंतरता जारी है। जिन लोगों के मन में पशुओं को साथ हो रहे व्यवहार को लेकर पाप शंका नहीं होती है, वह पंचम कहे गए हैं तथा वह हिंदू धर्म के प्रभाव में भी नहीं हैं।

हिंदूवाद पर लगा यह आक्षेप कि इसने समाज के निचले वर्ग की नैतिक और आध्यात्मिक बेड़ियों को तोड़ने के लिए कुछ भी नहीं किया है, भारत में हिंदूवाद के कार्यों की अनदेखी दरशाता है। आज बुद्धवाद और ईसायत शताब्दियों के बाद जब एक सभ्य प्रजाति समाज के पिछड़े वर्ग के संपर्क में आती है, तब यह उस पिछड़े समाज की मानसिकता को समझने पर ध्यान नहीं देती है, बल्कि उनपर विजय और उन्हें अधीन करने के क्रूर तरीके अपनाती है। जहाँ तक उन पिछड़ी जातियों का प्रश्न है, यदि उनकी आँखों में आँसू हैं और वह भगवान् को कोसते हुए बिना सोए अति परिश्रमयुक्त जीवन जी रहे हैं, तब इसकी वजह यही है कि उन्होंने इन सभ्य जातियों को अपनी भूमि पर आने दिया था। भारत के आर्यों ने यहाँ के निवासियों को अपने में मिलाया और उन्हें उनकी गंदी आदतों एवं शराबखोरी से मुक्ति दिलाने में सहायता की तथा उन्हें

साफ-सुथरा जीवन जीने व एक जीवित ईश्वर की उपासना के लिए प्रेरित किया। आर्यों ने जब यहाँ के मूल निवासियों को नागों की पूजा करते देखा, तब उन्हें बताया कि ईश्वर साँप से महान् है। वह नागेश्वर या कृष्ण है, जो कि कालिया नाग के फन पर नृत्य करता है। उन्होंने तथ्यों की प्रतिशोधात्मक शक्ति के सम्मुख समाज को बलपूर्वक व्यावहारिकता के एक उन्नत स्तर पर पहुँचाने के लिए जल्दबाजी नहीं की, क्योंकि यहाँ बिना किसी आंतरिक पुकार के नहीं पहुँचा जा सकता था। जातियों के माध्यम से सभ्यता का निरंतर विकास मुहम्मद के आगमन तक जारी रहा। भारत जैसे बड़े देश में जहाँ संवाद का आसान माध्यम नहीं था, इस कार्य को संपादित करना वाकई एक बड़ा काम था।

मि. जेम्स कैनेडी लिखते हैं—"हिंदुओं का आदि जातियों या विदेशी समूहों के साथ समायोजन हिंदूवाद का एक नया कार्य था। यह कार्य मुख्यतः सातवीं या ग्यारहवीं सदी में हुआ था। यह कार्य इस पूर्णता के साथ हुआ कि संपूर्ण उत्तर भारत में अब हिंदू जनसंख्या के रक्त, संस्कृति एवं धर्म में समरूपता नजर आती है तथा यह उन निचली जनजातियों से पृथक् दिखती है, जो कि सभ्यता के बाहरी क्षेत्रों में अभी विचरण करती रहती है।" बाहर के लोगों का प्रवाह हिंदुओं के बीच आसानी से होता रहा और धर्म उन्नत जीवन के तत्त्वों के साथ विजातीय लोगों का समायोजन करने और इसके लिए उन्हें प्रेरित करता रहा, किंतु सभ्यता के इस काम के लिए भारत में इस संख्या से पाँच गुना अधिक, यानी तकरीबन पाँच करोड़ अछूत होंगे। राजनीतिक परतंत्रता के समय से हिंदुओं के द्वारा इस कार्य की प्रभावशीलता कम हुई है। इस समय तक हिंदू समाज रूढ़िवादी बन चुका था और इसने भारत के एक बड़े वर्ग को महत्त्वहीन बना दिया था और यही गैर-हिंदू धर्मों के लिए जमीन की वजह भी बना था।

परंपरा

हिंदुओं ने वेद को सर्वोच्च धार्मिक ग्रंथ के रूप में स्वीकार किया है। वह जीवन के सिद्धांतों और ब्रह्मांड को मूर्तरूप मानते हैं। उपनिषद् वेदों के महत्त्वपूर्ण भाग हैं, जिन्होंने वेदों के अपरिष्कृत पहलुओं को स्पष्ट रूप से स्थापित किया है। उपनिषदों में सत्य ही कहा गया है कि हिंदू विश्वास के बाद का इतिहास स्थायी आधार बनता रहा। हालाँकि धार्मिक विचारों की यात्राओं में कई क्रांतियाँ आईं और बड़ी विजय भी हुईं, पर तकरीबन पचास शताब्दियों से इनका मूल विचार अपरिवर्तित ही रहा। जब कभी धार्मिक हठधर्मिता के इन विश्वासों को अपनी जकड़न में लेने में सफलता प्राप्त हुई, तब सच्चे संतों का उदय हुआ और इन्होंने आध्यात्मिक पुनरुत्थान के लिए लोगों का आह्वान किया। जब उपनिषदों का आंदोलन धर्मांधता के विवादों में शुरू हो गया और धर्म की आत्मा बोलियों के तर्क-वितर्क में गुम हो गई, तब बुद्ध ने सत्य की सरलता और नैतिक नियमों के महत्त्व पर बल दिया था। संभवतः उसी समय, हालाँकि देश के दूसरे हिस्से में जब धर्म वैधानिक संस्कृति और धर्म की शिक्षा ने इसे अमानवीय तर्कवादी बना दिया तथा उन विद्वानों में बेतुका अहं भी भर दिया था, तब गीता के रचयिता ने सभी शुद्ध हृदय वालों के लिए स्वर्ग का द्वार खोल दिया था। हिंदू धर्म में शंकर का धर्म-सुधार अभी भी बीता हुआ कल नहीं है। हिंदू मत पर रामानुज, माधव, कबीर और नानक के स्थायी चिह्न मौजूद हैं। यह भी स्पष्ट है कि हिंदूवाद एक परिणाम न होकर एक प्रक्रिया है; यह एक स्थायी प्रकटन न होकर एक विकसित होती परंपरा है। यह कहीं से भी बलपूर्वक बुद्धिमत्ता से बंद नहीं है क्योंकि आत्मा के परिक्षेत्र में मेरा और तेरा का भेदभाव नहीं है। □

हिंदू धर्म

भारत में आर्यों की शुरुआत से लेकर आज तक यह भारत का दुर्भाग्य या स्थिति ऐसी रही है कि इसे गंभीर धार्मिक संकटों का सामना करना पड़ा है। एक विशेष अर्थ में, भारत दुनिया भर के जीवों के लघु रूप की एक प्रयोगशाला की तरह रहा है, जहाँ जातीय और धार्मिक संयोजन के प्रयोगों का संबंध दुनिया भर की उठाई गई समस्याओं के समाधान के रूप में हुआ है। यदि यह सत्य है कि प्रत्येक व्यक्ति का अपना गुण होता है और ईश्वरीय अभिव्यक्ति का वह अपना एक खास पहलू रखता है, तब भी ऐसा लगता है कि जातीय और धार्मिक द्वंद्वों के समाधान के लिए भारत का चयन किया जाता रहा है।

हिंदू धर्म के एक लंबे इतिहास में इसकी तीव्र धारा और विस्तृत मरुस्थल के बावजूद इसमें एक आध्यात्मिक दिशा की प्रकृति नजर आती है, जो कि विषमताओं के बावजूद अपनी निरंतरता बनाए हुए है। आदिकालीन हिंदू धर्म के मूल सिद्धांत मृतप्राय नहीं हैं, बल्कि यह जीवित एवं शक्तिशाली होने के साथ-साथ परामर्शदाता भी हैं। यदि ऐसा नहीं होता तो हिंदू विश्वास के सिद्धांतों में रुचि रखे बिना इसे समझा न गया होता, जिसके आज बीस करोड़ से अधिक समर्थक हैं।

'धर्म' शब्द स्वयं में थोड़ी जटिलता लिये हुए है। धर्म से आशय उन

आदर्शों, उद्देश्यों, प्रभावों और संस्थाओं से है, जो कि व्यक्ति के निजी एवं सामाजिक चरित्र को आकार देते हैं। धर्म न्यायोचित जीवन जीने का नियम है तथा यह पृथ्वी पर प्रसन्नता और मोक्ष को सुनिश्चित करता है। इसमें धर्म और नैतिकता सम्मिलित है। हिंदुओं का जीवन काफी हद तक धर्म के नियम से संचालित होता है। इनके उपवास, उत्सव, सामाजिक और पारिवारिक संबंध, वैयक्तिक आदतें तथा रुचियाँ सभी का इससे संबंध है।

मानव जीवन का उद्देश्य मोक्ष या आध्यात्मिक स्वतंत्रता ही है। मनुष्य की नियति आत्मा का मिलन और अमरत्व को प्राप्त करना है। हम ईश्वर की संतान हैं। आत्मा का स्वयं को पहचानना ही मानव हृदय का शाश्वत स्वप्न तथा हिंदू धर्म का आधार है। ऐसा माना जाता है कि मानव की आत्मा ही मौलिक वास्तविकता है। मन की सभी इच्छाएँ व पूर्व अनुमानित तर्कों की चर्चाएँ ही आत्मा की वास्तविकता है, यह तर्कों से सिद्ध होनेवाली चीज नहीं है, हालाँकि इनके अलावा अन्य साक्ष्य भी संभव नहीं हैं। इसका आशय सिर्फ विश्वास से ही नहीं है, जबकि यह विश्वास ही है, जो कि सभी तर्कों का आधार है। यदि व्यक्ति का आत्म संदेहों से भरा है, तब पृथ्वी की कोई भी चीज इससे मुक्त नहीं है। आत्म ही सबकुछ है। यह अंतिम सत्य ही है, जो कि सभी परिवर्तनों से ऊपर है तथा यह अदृश्य वास्तविकता ही जीवन का आधार और तर्क है। यह ऐसा रहस्य है, जो कि चुपचाप स्वयं की ही पुष्टि करता है। हमारा मस्तिष्क जो सोचता है, वह महत्त्वपूर्ण नहीं है, बल्कि हम जो हैं, वह अधिक महत्त्वपूर्ण है। व्यक्ति के भय की वजह उसकी वह अपूर्णता है, जिसने उसकी नियति से उसे दूर कर दिया है तथा इस अंधकार ने उसके भीतर के प्रकाश को ढक लिया है। यदि हम आत्म का आश्रय लेते हैं, जो कि हमारे अस्तित्व का एकमात्र स्थायी बिंदु होगा, जहाँ हम जानेंगे कि हम जीवन के इस अंतहीन मार्ग पर अकेले नहीं हैं, तब हम संसार पर विजय

प्राप्त कर सकते हैं तथा मृत्यु को चुनौती भी दे सकते हैं। "संसार में जो है, उससे महान् वह है, जो तुम्हारे भीतर है।"

हालाँकि व्यक्ति के सभी गुणों का उद्देश्य आध्यात्मिक पूर्णता की प्राप्ति के लिए ही है, पर हिंदू धर्म किसी तरह के धार्मिक विश्वास या अध्यात्म पर बल नहीं देता है। इसकी अधिकतम गुंजाइश सर्वशक्तिमान के पास पहुँचने और इसके संबोधन तक ही है। हिंदू विचारक दर्शन और समाजशास्त्र के अच्छे विद्यार्थी थे तथा यह धार्मिक विश्वासों को बलपूर्वक मनवाए जाने के पक्षधर नहीं थे। जब हम ईश्वर के बारे में अपने स्वयं के विचारों का अतिवाद पूर्ण दावा करते हैं, तब धार्मिक मामलों में गलतफहमियाँ और विरोध उत्पन्न होते हैं। धर्म स्वतंत्रता की हिमायत करता है, पर यह तब सबसे अधिक नुकसान करता है, जब हम व्यक्ति पर जबरदस्ती वह थोपने की कोशिश करते हैं, जो वह समझ नहीं सकता है। ईश्वर की प्राप्ति के लिए व्यक्ति के तरीकों का वर्गीकरण भी कठिन होता है। ईश्वर की प्राप्ति का मार्ग व्यक्ति के हृदय में उसके रक्त से लिखा होता है। संस्कृत के श्लोक के अनुसार, जिस प्रकार आकाश में चिड़िया के उड़ने और समुद्र में मछलियों के तैरने के निशान नहीं होते, वैसे ही आध्यात्मिक यात्राओं के मार्गचिह्न भी नहीं दिखाई पड़ते हैं। ईसा ने दैवीय जीवन के रहस्य के बारे में कहा था कि यह सीमाबद्ध आत्मा में स्वयं ही प्रकट होता है। ईश्वर स्वयं को बिजली की चमक और आत्मा के कंपन में भी स्पष्ट करता है। हिंदू धर्म की आत्मा को समझनेवाला हिंदू जानता है कि सभी धर्म पवित्र हैं। बोलपुर में रवींद्रनाथ टैगोर के स्कूल में सिर्फ एक ही अदृश्य ईश्वर की उपासना होती है। यहाँ अन्य धर्मों के अनादर की अनुमति नहीं है। गांधी भी अपने धार्मिक दृष्टिकोण बहुत ही सहनशीलता के साथ रखते थे। ब्राह्मण विचारकों के अन्य धार्मिक दृष्टिकोण के बारे में विल्सन लिखते हैं, "हिंदू धर्मों के नियम को मानने

वाले ब्राह्मण सभी तरह की धार्मिक उपासना को समान मान्यता देते हैं।'' मतों के विरोध और धार्मिक विभिन्नता के बारे में वह कहते हैं कि यह नियति का एक हिस्सा है, जैसे एक चित्रकार कई रंगों से एक सुंदर चित्र बनाता है या एक माली अपने बगीचे को फूलों की झाड़ियों से सजाता है, इसी प्रकार ईश्वर ने प्रत्येक जनजाति को उसका अपना धर्म प्रदान किया है, ताकि व्यक्ति उसे कई रूपों में भव्यता प्रदान कर सके तथा इन सभी का उनकी दृष्टि में समान महत्त्व है।

इसका अर्थ यह नहीं है कि हिंदू विचारकों का ईश्वर के बारे में कोई उचित दृष्टिकोण नहीं है और वे सभी मतों को समान रूप से सत्य मानते हैं। उनकी सर्वोच्च सत्य के बारे में सुनिश्चित धारणा है, फिर भी वे इसकी वैश्विक स्वीकृति के लिए जोर नहीं देते हैं। वह मानते हैं कि जब मस्तिष्क जाग्रत् हो जाता है, तब सत्य का बोध स्वत: ही हो जाएगा। प्रत्येक धर्म उन लोगों के मानसिक और सामाजिक विकास की अभिव्यक्ति है, जो इसे अपनाते हैं। इसलिए मौजूदा विश्वास पर नए मतों को अपनाने के लिए दबाव डालना अनुचित है। तार्किक प्रतिक्रियाओं के सामने अनगढ़ बोध धराशायी हो जाएँगे और सच्चा सुधारक व्यक्तियों की मानसिक एवं नैतिक प्रकृति को सुधारने का प्रयास करता है। एक गंभीर नैतिक जीवन के अनुभव के अनुसार सत्य धार्मिक विश्वासों का सिर्फ परिणाम नहीं है। इसलिए हिंदू विचारकों ने धर्म सिद्धांतों की तुलना में अनुशासन पर अधिक ध्यान दिया है। हिंदुओं का धर्म एक धर्मशास्त्र न होकर जीवन जीने की एक पद्धति है। इसमें चाहे वह रूढ़िवादी हिंदू हो या न हो या फिर वह किसी भी ईश्वर को मानता हो या फिर चाहे वह धर्म को स्वीकार करे या न करे।

धर्म के द्वारा प्रस्तुत उन्नत जीवन वही है, जिसमें ईश्वर की वास्तविकता का स्वाभाविक विश्वास होता है। यदि मानव में ईश्वर का

निवास सर्वोच्च सत्य है, तब उसका व्यवहार ही आदर्श व्यवहार होगा। उसके सद्‌गुण ही सत्य का एक रूप है। सत्य, सुंदरता और अच्छाई एक आदर्श व्यक्ति के जीवन का हिस्सा होते हैं। वह शुद्धता, भाईचारे, विनम्रता और आत्मत्याग जैसे गुणों की प्रतिमूर्ति होगा। अपने विवेक पर नियंत्रण के द्वारा वह घृणा के बादल एवं जुनून की धुंध को हटाकर शांति से भरा होगा तथा व्यक्तिगत व सामाजिक संकटों के समय भी पूरी तरह शांत बना रहेगा। अपनी शांत आत्मा, स्थिर धड़कन और स्पष्ट दृष्टि से वह उचित समय पर उचित कार्य ही करेगा तथा उसका संबंध किसी एक देश से नहीं, बल्कि सारी दुनिया से होगा। इनमें आनंद और प्रेमयुक्त सत्य, शक्ति और दंभ की लालसा वाले रजस व नीरसता और जड़ता वाले तमस पर अपना प्रभुत्व रखता है। परिपूर्ण व्यक्तियों के लिए धर्म एक स्वत: प्रेरणा है तथा अन्य लोगों के लिए उस बाह्य निर्देश की भाँति है, जो परंपराएँ या लोग चाहते हैं।

जो लोग पाप और पीड़ा की आँधी से होकर गुजर रहे हों, उनके लिए एक ऐसे आदर्श को अपनाना कितना कठिन है, जो हमें क्रोध एवं लोभ से दूर रखे तथा शुद्धता और विचारों में प्रेम बनाए। जीवन की आवश्यकताओं को देखते हुए ऐसा लगता है कि शायद यह उन्हें पूरा नहीं कर सकेगा। यह जीवन की सभी अंगभूत परिस्थितियों को समाप्त कर देगा। यदि मोक्ष के लिए त्याग इतना आवश्यक होता, तब बहुत से लोग इस पर ध्यान न देते। यह संसार इतना व्यवस्थित है कि वह लोग, जो कि दैवीय नियमों के अभ्यासी हैं, उनके पास इससे बचने की अधिक संभावना नहीं है। हम इस तथ्य से भी परिचित हैं कि 'सरमन ऑन द माउंट' को असंभव आदर्शवाद कहकर नकार दिया गया था। हम उस प्रहार करनेवाले के सामने अपना गाल नहीं कर सकते, जो कि हमारे दोनों गालों पर चोट करने के लिए उतावला है। ऐसा हो सकता है कि इस कष्ट में ईश्वरीय आनंद हो, परंतु

इसके लिए शरीर की अपनी कमजोरियाँ भी हैं। ईसाई धर्म ने भी कुछ इसी रूप में अपने भाव व्यक्त किए हैं, यहाँ तक कि ईसा ने भी इस पर अपनी सहमति दिखाई है। ''हे ईश्वर! यदि संभव हो, तब इस प्याले को मुझसे आगे बढ़ाओ, मेरे प्रभु तुमने मुझे क्यों माफ कर दिया?'' वह लोग, जो अपनी व्यावहारिक स्थिति पर दंभ करते हैं, वे सामान्य मानव की प्रकृति के स्तर के लिए आदर्शों को कम करते हैं, जिसका संबंध शक्ति और लाभ के लोभ तथा शरीर और बुराई से है। आधुनिक सांसारिक सुधारक बताते हैं कि पुराने समय में आपने सुना होगा कि '''तुम्हें हत्या नहीं करनी चाहिए,' पर मैं तुमसे कहता हूँ कि भोजन के लिए पशुओं, खेल के लिए चिड़िया और युद्ध में आदमियों के अलावा हत्या नहीं करनी चाहिए।'' यह भी कहा गया है, '''तुम लोभी मत बनो।' परंतु मैं तुमसे कहता हूँ व्यापार और साम्राज्यवाद पर बड़े स्तर के अतिरिक्त तुम्हें लोभ नहीं करना चाहिए।'' ''तुम घृणा मत करो, पर मैं तुमसे कहता हूँ कि तुम पिछड़ी जातियों, दुश्मन राष्ट्रों और संसार के कमजोर लोगों के अतिरिक्त किसी से भी घृणा मत करो।'' धार्मिक जीवन में त्याग पर दी गई चेतावनी हमें बताती है कि प्रसन्नता सिर्फ शक्ति या संपदा पर ही निर्भर नहीं है, बल्कि प्रेम और शांति पर निर्भर है। हमारे आधुनिक सुधारकों ने ईश्वरीय नियमों पर बहुत से प्रतिबंध लगाए हैं, ताकि वे हिंसा, विपुल-संग्रह और हथियारों को न्यायोचित ठहरा सकें, जो कि मानव जीवन की अंतिम आवश्यकता है। यह लोग आसानी से हमारे उस मित्र की कहानी भूल चुके हैं, जिसने एक बड़े गोदाम को बनाने की योजना बनाई थी, जिससे वर्षों तक हमें सुविधा प्राप्त होती रहे, परंतु दुर्भाग्य से अगले ही दिन अचानक आई उसकी मौत ने उसे धोखा दे दिया था।

हिंदू विचारक मानव की वास्तविक प्रकृति, जो कि बुरी है और आदर्शों के बीच की बड़ी खाई के प्रति सजग है, जिन्हें पूरी तरह से

अपनाना तकरीबन असंभव सा प्रतीत होता है। वास्तविकता और आदर्श के बीच की दूरी के प्रति उनकी सजगता उन्हें आदर्शों को विकृत करने के लिए प्रलोभित नहीं करती है। यह हमारे भीतर मौजूद हमारी आत्मा के विरुद्ध एक ईशनिंदा जैसी चीज होगी और इसे क्षमा नहीं किया जा सकता। इसलिए वह हमारे जीवन के प्रत्यक्षतः हठीले तत्त्वों के विरुद्ध अनंतमयी बहुमूल्य आदर्श देने का प्रयास करते हैं। व्यक्ति के स्वभाव और उसकी आदतों में परिवर्तन बहुत ही धीमी गति से होता है। पूर्ण कुशलता प्राप्त करने के लिए हममें धैर्य की आवश्यकता होती है। कर्मों पर आधारित नियमों से हमें पता चलता है कि पूर्णता के जीवन की प्राप्ति से पहले हम लाखों जीवन जी चुके होते हैं। उन्नत स्तर पर पहुँचने के लिए हमें योजना बनानी पड़ती हैं तथा परिश्रम करना और कष्ट सहना पड़ता है। अपने हृदय में आनंद की धड़कन के लिए पीड़ा के द्वारा अनेक हृदय की धड़कनों की आहुति देनी पड़ती है। एक पवित्र चरित्र की उत्पत्ति के लिए त्याग और कष्ट उठाना पड़ता है, अधिकतर लोग आध्यात्मिक ऊँचाई की सीढ़ियों का एक ही डंडा चढ़ पाते हैं, जबकि कुछ एक ही छलाँग में नीचे से ऊपर पहुँच जाते हैं। मानव प्रकृति में निरंतर सुधार के लिए वर्णाश्रम धर्म या वर्गों का विभाजन हिंदू उपकरण के रूप में किया गया है। इसका उद्‌देश्य ईश्वर के सभी लोगों को पैगंबर बनाना है। इसका सिद्धांत एक राष्ट्रीय संगठन या नागरिक राष्ट्रमंडल पर आधारित न होकर आत्मा के परिक्षेत्र में आता है तथा विवेक द्वारा थोपी गई नैतिकता और वह नियम, जो कि शासन लागू करता है, दोनों ही धर्म नहीं है। यह तो व्यक्तियों की अनगिनत पीढ़ियों के विश्वास द्वारा स्थापित परंपरा है, जो कि हममें सत्य की आत्मा निर्मित करती है। यह जर्मनवासियों के 'सिटिलिशेट' में व्यक्त है तथा वैयक्तिक विवेक और शासन के नियमों से पृथक् है। इसलिए राजशाही शत्रुता और साम्राज्यवादी आक्रमण भी भारत के उस जीवन को स्पर्श न कर सके, जो

कि तकरीबन पचास शताब्दियों से अपनी निरंतरता बनाए हुए है। जिस तरह सरकंडों के ऊपर से हवा गुजर जाती है, वैसे ही विजय की निरंतर आँधियाँ अपरिवर्तनीय स्थिति के ऊपर से गुजरती चली गईं।

मोक्ष या मुक्ति एक ऐसा आदर्श है, जिसकी तरफ मानवता को जाना ही पड़ता है। संपूर्ण जीवन ही इस आदर्श के संगीत की तरफ जाता है। सभी मनुष्य ईश्वर की संतान हैं, इसलिए वह समान हैं। चूँकि उन्हें एक ही दैवीय स्थिति की तरफ जाना है, इसलिए भी वह समान हैं, किंतु उस आदर्श प्राप्ति के लिए अपने वास्तविक उपकरण के मामले में वे भिन्न होते हैं। उनके अंधकार और बुराई दूर करने की अलग-अलग मात्राएँ हैं तथा अपने जीवन को प्रेम और प्रकाश से प्रकाशित करने के अलग-अलग प्रयास हैं। यहाँ प्रत्येक आत्मा की शिक्षा को आश्रम, वर्ण या व्यक्तियों के वर्गों की योजना के अनुसार व्यवस्थित किया गया है। यह मानव प्रकृति के विभिन्न पहलुओं को दरशाता है। मानव का जीवन इच्छाओं या काम से जुड़ा हुआ है। मानव इच्छाओं की एक पोटली है। मनु के अनुसार, यह उचित नहीं है कि आत्मा को इच्छाओं का दास होना चाहिए, पर इच्छाविहीनता कहीं भी नजर नहीं आती है। चूँकि हमारी क्रियाशीलता हमारी इच्छाओं से ही संचालित होती है, इसलिए इच्छाओं का उचित नियमन भी धर्म का एक हिस्सा है। अत: काम या आनंद को भी उचित माना गया है। यह पशु भाव की संतुष्टि मात्र नहीं है, बल्कि आत्म की स्वतंत्रता की अभिव्यक्ति है। जब तक हम अपने संवेगों की निरंकुशता से नहीं बचते, यह संभव नहीं है। मानव का जीवन सिर्फ संवेगों की निरंतरता नहीं है, बल्कि एक शाश्वत विचार की अभिव्यक्ति है, जो कि लौकिक रूपों के द्वारा विकसित होती है। मानव की इच्छाएँ उसके पारिवारिक जीवन की धाराएँ और लोक- कर्तव्य के माध्यम से नियंत्रित होती हैं। व्यक्ति का कलात्मक और भावनात्मक जीवन, जीवन की आंतरिक नेकी का एक

हिस्सा होता है, किंतु कला वैराग्यवाद के वातावरण में नहीं विकसित हो सकती है। हमारे पास संपत्ति या अर्थ होना ही चाहिए। यदि उच्चतम सांस्कृतिक जीवन के लिए मानव के सक्रिय आवेगों को स्वतंत्र करना है, तब समाज की आर्थिक आवश्यकताएँ पूरी होनी चाहिए। समाज के हित में व्यक्तिगत सदस्यों के द्वारा अर्जित संपत्ति के संदर्भ में नियम बनाए गए हैं। सभी की आवश्यकताओं के द्वारा प्रत्येक की स्वतंत्रता प्रतिबंधित की गई है। संपत्ति और आनंद प्राप्त करने का एकमात्र रास्ता आत्मत्याग का ही है। धर्म या कर्तव्य, आनंद और लाभ यानी काम और अर्थ को नियंत्रित करता है। जिनमें धर्म प्रधान होता है, वे सात्त्विक प्रकृति के होते हैं; संपत्ति की लालसा वाले राजसिक तथा सुख की चाहतवाले तामसिक प्रकृति के होते हैं। ऐसे व्यक्ति, जो स्वत: ही धर्म के नियमों का पालन करते हैं, वे मोक्ष प्राप्त करते हैं, अत: धर्म, अर्थ, काम और मोक्ष जीवन के अंत को आकार देते हैं।

चाहे जिसने भी यह दुनिया बनाई हो या इस ब्रह्मांड की जो भी सच्चाई हो, पर नैतिकता की सर्वोच्चता सभी को स्वीकार्य है। हिंदू विचारों के अनुसार, मानव की उत्पत्ति दैवीय उद्देश्य के लिए हुई है। हमारे नष्ट हो चुके जीवन की अतृप्त इच्छाएँ पृथ्वी पर हमारे जन्म का कारण हैं। यह पीड़ा ही है, जिसके माध्यम से हमारी दुर्बलता हमारी शक्ति तथा हमारी अज्ञानता हमारे ज्ञान में परिवर्तित हो सकता है। हमारी कमियों का प्रायश्चित्त केवल पीड़ा और आत्मसंयम से ही हो सकता है। तप के मूल से ही 'आश्रम' शब्द की उत्पत्ति हुई है। बिना तप कोई प्रगति नहीं है तथा बिना मृत्यु के पुनर्जन्म संभव नहीं है। आरंभ से अंत तक हमारा जीवन मृत्यु की ही भाँति है, जिसका अर्थ एक बृहत् जीवन है। हम स्वयं में जितना अधिक मरते हैं, हम ईश्वर के प्रति उतना अधिक जीते हैं। जीवन और मृत्यु आपस में गुँथे हुए हैं और पूर्ण जीवन ही पूर्ण मृत्यु का

ताज है। प्रत्येक हिंदू के जीवन में चारों स्तर नजर आते हैं, जिसमें प्रथम दो स्तर ब्रह्मचारी या विद्यार्थी तथा गृहस्थ हैं एवं अंतिम दो वे जीवन में सेवानिवृत्ति है, जिसमें व्यक्ति ईश्वर या मानवता के सेवक के रूप में जीवन व्यतीत करता है।

प्रथम आश्रम आध्यात्मिक जीवन के संस्कार के प्रतीक के रूप में आरंभ होता है। इसका उद्देश्य व्यक्ति की मनोशारीरिक संरचना को निर्मित करना है। इसका प्रमुख लक्ष्य बालक के मस्तिष्क और शरीर को प्रशिक्षित करना है, ताकि विद्यार्थी स्वच्छता की आदत, ब्रह्मचर्य, नेक व्यवहार और धार्मिकता सीख सके। सभी विद्यार्थियों में निर्धनता के प्रति जागरूक होने के साथ उनमें सामाजिक संवेदनशीलता भी विकसित कराई जाती है तथा इसमें उनके धनी या निर्धन होने से किसी तरह का फर्क नहीं पड़ता। इस स्थिति में प्रत्येक विद्यार्थी को अपने भोजन के लिए भिक्षा का सहारा लेना पड़ता है और निर्धनता का यह प्रशिक्षण विद्यार्थियों के मस्तिष्क में यह भाव पैदा करता है कि नेक जीवन के लिए संपदा का होना अनिवार्य नहीं है। विद्यार्थियों को कट्टरता और अज्ञानता के वशीभूत होकर कानून को अपने हाथ में लेने की अनुमति नहीं है तथा उन्हें अपनी स्वयं की कल्पना से वेदी या मूर्ति बनाकर किसी पंथ या संप्रदाय की उपासना करने का भी अधिकार नहीं है। उन्हें सत्यनिष्ठा और परंपराओं का सम्मान करना होगा। शिक्षा का स्तर विद्यार्थियों की क्षमता और आवश्यकता के आधार पर ही तय होता था। आज की तरह उनकी शिक्षा जटिल नहीं थी, इसलिए बच्चों के पेशे आसानी से तय हो जाते थे। शिक्षा के कार्यक्रम चाहे वे धार्मिक ही हों, इनमें लड़के और लड़कियों का भेदभाव नहीं था। इसमें केवल स्त्री-पुरुष सह शिक्षा को प्रोत्साहन नहीं दिया गया था।

जब शिक्षा का यह काल समाप्त हो जाता है, तब विद्यार्थी परिवार की जिम्मेदारी सँभालने लायक हो जाता है। इस स्थिति में व्यक्ति अकेला

ही नहीं रहता है, बल्कि उसके साथ उसकी पत्नी और बच्चे भी होते हैं। अब व्यक्ति परिवार का कमानेवाला सदस्य बनकर समाज का आधार बनता है और उसका पारिवारिक जीवन एवं सामाजिक कर्तव्य उसके लक्ष्य तक उसे पहुँचाने व आत्मसंयम कराने में सहायक होते हैं। प्रत्येक व्यक्ति से आशा की जाती है कि वह संसार के लिए अपना काम करे। उसे सिर्फ अपने स्वार्थपूर्ण आनंद के लिए समाज-सेवा से दूर नहीं रहना चाहिए। हम आपस में एक-दूसरे के पास एक तरह से बंधक हैं, जैसे व्यक्ति परिवार के लिए, परिवार समुदाय के लिए, समुदाय राष्ट्र के लिए और राष्ट्र संसार के लिए है। जाति-व्यवस्था गृहस्थ के द्वितीय चरण में आती है तथा यह मानवता की आपसी निर्भरता और एकता दरशाती है। इसका संबंध समाज की आवश्यकता के साथ-साथ व्यक्तिगत लाभ के लिए भी है। यह व्यक्तित्व का निर्माण इस रूप में करती है कि व्यक्ति को स्वयं से परे ले जाकर किसी चीज में समर्पण के लिए सहायता मिलती है। इसमें व्यक्ति किसी एक खास बिंदु पर अपनी ऊर्जा को केंद्रित करके अपनी क्षमताओं को पहचानने की कोशिश करता है। यह हीगल के 'विषमताओं में सामंजस्य' के सिद्धांत को दरशाती है, जिसमें व्यक्ति और समाज के प्रत्यक्ष द्वंद्व का समाधान होता है। जाति-व्यवस्था के संचालन के सिद्धांत का संबंध स्वयं के बेहतर होने या समाज के बेहतर होने से नहीं है, बल्कि उस उन्नत स्तर को बढ़ाने से है, जिसका आशय आत्म सुधार की निरंतरता और समाज-सेवा है। मानव स्वभाव की भिन्नता को ध्यान में रखते हुए यह उन तरीकों की रचना करता है, जिससे व्यक्ति पूर्ण आत्माभिव्यक्ति हासिल करता है। यह वास्तविक अंतर को समझते हुए समानता के आदर्श के लिए कार्य करता है। इसका कार्य स्वभावों का उपहास न करके उनके साथ एक सामंजस्य बनाना है। जो लोग आधुनिक ज्ञान के मंच से संस्थानों की आलोचना करते हैं, उन्हें यह स्मरण नहीं रहता है कि ऐसा कोई देश

नहीं है, जहाँ असमान मूल्यों वाले लोग साथ रहते हैं।

पूर्व-वैदिक काल में यहाँ के लोगों के साथ जब आर्यों का मेल हुआ था, तब उनकी सभ्यता और संस्कृति निचले दर्जे की थी। इन लोगों को अविकसित चतुर्थ श्रेणी, यानी एक जाति में रखा गया था, जिनमें बौद्धिकता, भावना और इच्छा का विशेष विकास नहीं हो सका था। दुबारा जनमे या विकसित लोगों को तीन वर्गों में विभाजित किया गया, जहाँ बौद्धिकता, भावना और इच्छा की प्रधानता थी। जिन लोगों में विचार और चिंतन की शक्ति थी, वह ब्राह्मण तथा जिनमें बहादुरी और प्रेम था, क्षत्रिय और जिनका झुकाव जीवन की व्यावहारिकता की तरफ अधिक था, वे वैश्य कहलाए। इस प्रकार बौद्धिक, युद्धप्रिय, उद्यमी और अकुशल कार्य करनेवालों के रूप में वर्गों का बँटवारा हुआ। इस प्रकार यह सभी अपनी क्षमताओं, यानी ब्राह्मण आध्यात्मिकता के द्वारा क्षत्रिय बहादुरी से तथा वैश्य अपनी कुशलता से तथा शूद्र अपनी सेवा के माध्यम से ईश्वर की रचना का कार्य करते हैं। इन सभी का स्थान वर्ग से ऊपर उठकर नेकी का कार्य करने के लिए है। यहाँ अहं और महत्त्वाकांक्षाएँ विवेक और न्याय की अधीनता में रहती हैं। जब विभिन्न वर्ग अपने कार्यों को संपादित करता है, तब समाज में न्याय या धर्म की अनुरूपता स्थापित होती है।

अकुशल कर्म करनेवालों के सच्चे हितों की अनदेखी नहीं की गई थी। वैश्य व्यापार, प्रेम, संपत्ति एवं आराम के लिए कर्म करते हैं। हालाँकि उनसे आशा की जाती है कि वे कर्म जीवन और कल्याण के लिए ही करेंगे। यह जाति व्यापार और आर्थिक गतिविधियों के लिए व्यक्तियों का वह समूह है, जो कि जीवन की सामग्रियाँ प्रेम के बंधन के लिए इकट्ठा करते हैं। क्षत्रियों का कार्य समाज के बाहरी आक्रमणकारियों एवं भीतरी अव्यवस्था से रक्षा करना है। राज्य की सैन्य व्यवस्था इनके जिम्मे रहती है। वह राजनीतिक व्यवस्था के स्वामी बनाए गए हैं। हिंदू धर्म का उद्देश्य

लोगों की सेना बनाना नहीं था। सभी स्थानों में विशेषता के द्वारा कुशलता हासिल की गई थी। जिन लोगों का काम गलत कार्यों का बलपूर्वक विरोध करना था, उन्हें इसके लिए प्रशिक्षित करने की व्यवस्था थी। शासन की कला सभी के लिए नहीं हो सकती थी। यह भी देखा गया है कि शौकिया राजनीतिज्ञ अपने निर्वाचन क्षेत्रों में काफी उत्सुक रहने के बावजूद जल्दबाजी में हुए लोकप्रिय चुनावों के माध्यम से बिना किसी प्रशिक्षण के ही प्रशासनिक कार्य कर पाने में आयोग्य भी रहते हैं। सेना और शासन के लिए एक विशेष वर्ग समर्पित था तथा अधिकतर लोग शासन या सत्ता की दीवानगी नहीं रखते थे। आज दुनिया भर में नैतिक उत्थान या लोगों की भलाई के लिए समर्पित होने के बजाय बाजार के लिए बड़ी-बड़ी लड़ाइयाँ लड़ी जा रही हैं। दुनिया भर में राजनीतिक जुनून के लिए ही गहरा भ्रम उत्पन्न हो चुका है। यह भी कहा जा सकता है कि जब एक पेशे पर शासक वर्ग होगा, तब भी इसकी सुनिश्चितता नहीं है कि शासन निस्स्वार्थ भाव से ही होगा या उन्हें जिस लिए प्रशिक्षित किया गया है, वह उसका अपने कर्तव्य में इस्तेमाल करेंगे। इसके अलावा शासकों को धर्म को परिवर्तित करने या रद्द करने की अनुमति नहीं थी। वह सिर्फ इसका संचालन ही कर सकते थे। धर्म में परिवर्तन सिर्फ ब्राह्मण विचारक के अधिकार क्षेत्र में था, जो कि किसी भी तरह की दुर्भावना से परे थे तथा आवश्यक रूप से निर्धनता का जीवन व्यतीत करते थे। वह संदेह या कठिन परिस्थितियों में धर्म की व्याख्या करते हैं।

चूँकि दार्शनिक मन:स्थिति के अनासक्त लोगों ने इनके नियम बनाए हैं, इसलिए समाज की व्यवस्था आवश्यक रूप से कुलीन है। इनके नियम पुजारियों ने ही बनाए थे और वह यहूदी, ज्ञानी या केल्ट कोई भी हो सकते थे। सच्चे ब्राह्मणों का गुण उनकी बुद्धिमत्ता, आत्मसंयम, अनासक्ति ही थी, जिन्होंने स्थायी नियमों को कठिन बनाया था। ब्राह्मणों का जीवन ज्ञान

की तलाश में लिप्त था और जीवन की सुंदरता को प्रशासकों से अधिक महत्त्व दिया जाता था। वह सांसारिक लोभ और लौकिकता के लिए आध्यात्मिक मामलों की अधीनता से मुक्त थे। यह व्यवस्था दरशाती है कि सभी तरह के भले सुधार एक व्यक्ति के मस्तिष्क से ही आरंभ हुए हैं और फिर दुनिया भर में फैले हैं। यदि सभी कदम एक साथ बहुमत प्राप्त करने का प्रयास करने लगें, तब समाज की प्रगति नहीं हो सकती। क्रियाशील विचारकों की प्रगति के लिए प्रथम शर्त उनका पूर्ण स्वतंत्र होना ही है। बर्ट्रेंड रशल के अनुसार, "बिना स्वतंत्रता के व्यक्ति अपने समय से आगे हो तो भी वह निष्क्रिय ही होगा।" मनु लिखते हैं, "एक बुद्धिमान व्यक्ति का विश्वास अनेक मूर्खों की राय से बेहतर होता है।"

नैतिक नियम जीवन के विभिन्न स्तरों के लिए अपनाए गए हैं। एक व्यापारी सांसारिक चीजों के लिए जीवन को संचित करता है तथा एक योद्धा बुराई का विरोध करने और व्यवस्था बनाने के लिए इसे खर्च कर देता है। ब्राह्मण अहिंसा का पालन उत्साह और दृढता के साथ करता है। उसकी अहिंसा कमजोरी या भय का प्रतीक नहीं है, बल्कि यह ईश्वरीय प्रेम और आध्यात्मिकता की स्वाभाविक अभिव्यक्ति है। वह एक योद्धा के स्तर से गुजर चुका है और उसने पाया है कि ईश्वर की प्राप्ति के लिए यह अनुपयुक्त है। शताब्दियों के पारंपरिक प्रशिक्षण और वातावरण के प्रभाव ने हिंदुओं को थोड़ा कम आक्रामक व ध्यानकर्ता एवं ब्राह्मण संन्यासी के आदर्शों का उपासक बना दिया है। यहाँ तक कि आज भी वह गांधी जैसे संत का प्रशंसक है।

ब्राह्मण से निचले स्तर के क्रम के वर्गों के व्यावसायिक युद्धों ने हिंदूवाद के बहुत से विद्यार्थियों को भ्रमित कर दिया है कि हिंदू धर्म का आधार अहिंसा नहीं है। यह विवेचना कि हमें इस स्तर से आगे बढ़ना है, भुलाई जा चुकी है। हम जितना ऊपर उठते हैं, हमारा जीवन उतना ही

पवित्र होता जाएगा। जिस प्रकार सेंट क्रिस्टोफर ने बच्चे ईसा को अपने कंधों पर बैठाकर नदी पार की थी, यह हम सभी पर लागू होता है। वह जितने गहरे पानी में गए, उनका बोझ बढ़ता ही गया। अपनी दीवानगी से संघर्ष करते हुए और संसार के आध्यात्मिक ज्ञान के आधार को बढ़ाते हुए सभी व्यक्ति, जो कि जन्म से शूद्र ही होते हैं—धीमे-धीमे ब्राह्मण बनने तक ऊपर उठते रहते हैं। हम जितना ऊपर उठते हैं, हमारा भार बढ़ता जाता है, मगर उस भार के अनुपात में हमारी शक्ति भी बढ़ती जाती है। क्षत्रिय निर्मल हृदय के साथ बिना घृणा अपनी सीमाओं के अनुसार शक्ति का प्रयोग करता है तथा ब्राह्मण को किसी के प्रति बल के प्रयोग, घृणा और दुर्भावना नहीं रखनी चाहिए।

पूर्ण आदर्श की तरफ जानेवाले स्तरों का संबंध अन्य रूपों में भी दरशाया गया है। आधुनिक विकास पशु और मानव संसार की निरंतरता के सिद्धांत की पुष्टि करता है। हिंदू धर्म सभी पशु रूपों के प्रति आदर का भाव रखता है। यह भी मान्यता है कि पशु आहार मानव जीवन की सूक्ष्म संवेदनाओं को बाधित करता है। वैसे शारीरिक रूप से यह जितना भी दे, पर यह शारीरिक रूप से लेता भी है। ईसा का भी मानना था कि पशुओं के प्रति पवित्रता का भाव होना चाहिए। यहाँ तक कि एक चिड़िया भी ईश्वर की जानकारी के बिना जमीन पर नहीं गिरती है। फिर भी भारत के लोग पशु आहार के अभ्यस्त हैं और इसीलिए चतुर्थ वर्ग के लिए पशु भक्षण को प्रतिबंधित करने के नियम बनाए गए हैं तथा अन्य वर्गों के लिए तो इसका निषेध ही है। परिणामत: हिंदुओं में इसे त्याग देने की ही भावना पाई जाती है।

हिंदू धर्म में जातियों का आधार आर्थिक है। बहुत सी आधुनिक जातियों में सिर्फ पेशागत विभाजन है। प्रत्येक व्यक्ति सभी कार्यों के लिए उपयुक्त नहीं होता है और वह अपनी इच्छानुसार सभी तरह का व्यापार

करने की योग्यता नहीं रखता है। कोई भी व्यक्ति किसी भी तरह के कार्य की तलाश नहीं कर सकता है, परंतु वह समाज की सहायता अपनी उचित स्थिति से अवश्य कर सकता है। इस प्रकार एक अंतहीन प्रतिस्पर्धा और स्वार्थपूर्ण व्यक्तिवाद को रोका गया है। प्रत्येक काम और उद्योग में एक धार्मिक चरित्र को लागू किया गया है। ईंट बनाने वाला, बढ़ई, लुहार और दूध विक्रेता महसूस करते हैं कि वे अपने कार्य से ईश्वर का महिमामंडन कर रहे हैं। आजकल बृहत् स्तर के उत्पादन और कारखाने के युग में हम यह भूल चुके हैं कि जब व्यक्ति अपने परिवार से दूर होकर एक बड़े कारखाने में काम करता है, तब उसका काम आनंद विहीन और यांत्रिक हो जाता है। दूसरी तरफ जाति व्यवस्था के अंतर्गत एक ही तरह के काम का वातावरण उस व्यक्ति के आसपास रहता है, जिसकी वजह से उसे कम मजदूरी के लिए अपने घर से लंबे समय के लिए दूर नहीं रहना पड़ता है। सामुदायिक जीवन की पूर्णता और सहयोग की भावना तथा प्रेम काम करनेवालों को आनंद प्रदान करने में सहायक होते हैं। इसके साथ ही काम करनेवालों के परिवार के लोगों का सहयोग भी इनके जीवन में मधुरता और मानवता बढ़ाता है। इन कार्यों में यदि औरतें और बच्चे भी संलग्न हैं, तब उनका घरेलू वातावरण में काम करना लाभप्रद होता। इस स्थिति में ग्राहकों की संतुष्टि और प्रतिस्पर्धा में सफलता हासिल करने की बजाय उनकी उचित क्रियाशीलता ही बेहतर होती है। जो लोग इस तरह के कार्यों को करते हैं, उनमें सहयोग की भावना और अपने पेशे के प्रति सम्मान का भाव बना रहता है तथा युवा भी व्यावसायिक प्रशिक्षण हासिल कर लेते हैं। वह अपने व्यवसाय की बारीकियाँ स्वत: ही सीख लेते हैं और इनका आर्थिक पहलू भी समझ लेते हैं। यह भी सच है कि आज की आधुनिक परिस्थितियाँ कुटीर और लघु उद्योगों के खिलाफ हैं, पर यह सभी जगह संभव नहीं है। कला, सजावटी उद्योग, कताई-बुनाई

और कृषि आदि अभी भी गृह उद्योग के रूप में ही है तथा विद्युत् की सहायता से हम छोटे उद्यमों का भी सहारा ले सकते हैं। व्यापार के रूप में जातियाँ अभी भी बेकार नहीं हुई हैं। हालाँकि जीवन के सुनिश्चित कार्यक्रमों के बारे में परामर्शों की मनाही नहीं है, क्योंकि बिना विशेष रुचि के यह दासता का रूप ले लेती है, जिसकी वजह से इसका जटिल आधुनिक जगत् के साथ सामंजस्य बना पाना कठिन हो जाता है।

स्पष्ट रूप से कहा जाए तो मानव की जाति का निर्धारण उसकी इच्छा, भावना तथा तार्किकता की प्रधानता के द्वारा किया गया है, जो कि उसके तीनों गुण यानी सत्, रजस और तमस को दरशाता है। मनु के अनुसार व्यक्ति की जाति का संचालन तीन सिद्धांतों के आधार पर हुआ है, जिनमें तप या व्यक्तिगत प्रयास, श्रुतम यानी सांस्कृतिक वातावरण और योनि यानी आनुवंशिकता प्रमुख है। इसमें प्रथम की परख बहुत अस्पष्ट है तथा इसकी उपलब्धता भी नहीं है। यहाँ जन्म ही केवल व्यावहारिक आधार नजर आता है और इसकी सामंजस्यता यानी कर्म और पुनर्जन्म का सिद्धांत भी हिंदुओं को स्वीकार्य है। विभिन्न नस्लों के लोग केवल जाति के आधार पर ही सौहार्द के साथ रह सकते हैं। इस व्यवस्था के निर्माताओं ने महसूस किया कि चूँकि इसके निर्धारण के लिए जन्म ही केवल उपलब्ध आधार है, इसलिए समाज के वर्गीकरण का वास्तविक आधार आध्यात्मिक चरित्र ही था। गनु ने बताया कि यदि एक व्यक्ति निर्मल मन के साथ नेकी का जीवन जीता है, तब वह योनि के प्रभाव पर विजय प्राप्त कर लेता है। महाभारत के अनुसार, ''पुनर्जन्म का आधार शिक्षा न होकर सिर्फ आचरण ही होता है।'' हमने जन्म के अतिरिक्त अन्य सभी कारकों की अनदेखी की है। परिणामत: इस व्यवस्था ने लोगों को एक विशेष वर्ग में कठोरतापूर्वक सीमित कर दिया और इसका प्रभाव सामाजिक उत्थान के लिए नुकसानदेह रहा। इस व्यवस्था के अवरोधों

ने जीवन के प्रभाव पर भी ध्यान नहीं दिया। हम समाज की एक ऐसी स्थिति में आ गए, जहाँ सामाजिक जीवन की अव्यवस्था इतना बढ़ गई कि जन्म के सिद्धांत की प्रधानता पर असर पड़ा। इसी संदर्भ में महाभारत कहता है, ''विवाहों में इतना अधिक मेल हो गया कि जाति और जन्म की प्रधानता नहीं रही। मनु ने कहा कि यदि चरित्र पर ध्यान न दें, तब जाति के वर्गीकरण का कोई अर्थ नहीं है।''

विभिन्न वर्गों के कार्यों ने लोगों में दर्प और विशिष्टता का भाव उत्पन्न किया था, परंतु विद्यार्थी काल के प्रशिक्षण के दौरान समानता का नियम ही लागू था। सर्वोच्च सद्‌गुण के अनुसार हम जिस तरह का व्यवहार चाहते हैं, हमें वैसा ही व्यवहार करना चाहिए। विष्णु पुराण के अनुसार, ''तुम्हें सभी जगह समानता का व्यवहार रखना चाहिए, क्योंकि समानता का व्यवहार ही ईश्वर की उपासना है।'' कुछ ऐसे भी कर्तव्य हैं, जिन्हें सभी जाति के लोगों को करना चाहिए, जैसे अहिंसा, सत्य, ईमानदारी, स्वच्छता और आत्मसंयम। आखिरकार जाति के वर्गीकरण का संबंध हमारी आकस्मिक अकुशलता से है, इसलिए इसे अहं का विषय नहीं बनाना चाहिए। सर्वशक्तिमान की कोई जाति नहीं है। जाति का नियम सिर्फ गृहस्थ के स्तर पर ही लागू होता है। यहाँ तक कि यह मानवता से भी ऊपर होने का दावा नहीं कर सकती है। वर्तमान की आवश्यकता जातियों का उद्‌देश्य स्वीकार करना और सच्ची सामाजिकता स्थापित करना है। धर्मांधता का अभिशाप और जीवन के प्रति कठोर प्रतिबंध मानवता के लिए नुकसानदेह है, इसलिए इन्हें छोड़ देना चाहिए। मनु ने भी इन्हें प्रोत्साहित नहीं किया है, ''खेतिहर, चरवाहे, नौकर, नाऊ और निर्धन अजनबी भी अपने हाथों से सेवा अर्पित करते हैं।''

भारत में मुसलमानों के आने से पहले जाति के नियम कठोर नहीं थे। सामाजिक नियमों में लचीलापन तथा नियमों के तहत विकास की बलि

नहीं दी गई थी। हमने पुराणों में व्यक्तियों और परिवारों की कहानियाँ पढ़ी हैं, जिनका निम्न से उच्चतर जातियों में परिवर्तन हो गया था। मनु भी इस उतार-चढ़ाव की संभावना को स्वीकार करते हैं। निरंतर शुद्धीकरण के द्वारा जाति-परिवर्तन के नियमों के बारे में भी बताया गया है। निचले स्तर से गुणों के आधार पर उच्च स्तर तक पहुँचना संभव था। जब हिंदुओं ने अपनी राजनीतिक स्वतंत्रता खो दी थी और नए शासकों ने धर्मांतरण की नीति अपनाई, तब सामाजिक प्रयास लुप्त हो गया और नियम व परंपरा राष्ट्रीय एकात्मकता के लिए घातक परिणाम के साथ पूजा की वस्तु बन गया। हमें धर्म की मूल आत्मा को हासिल करना है, जो कि किसी विशेष रूप तक सीमित नहीं थी, बल्कि पुराने स्वरूप को परिवर्तित करते हुए नए विकसित रूप में अभिव्यक्त हुई थी। राजनीतिक असुरक्षा के समय दिया गया जाति को अति महत्त्व अब आवश्यक नहीं है। जाति का भविष्य तभी है, जब यह सामाजिक मामलों तक सीमित है। प्रत्येक समाज में लोग उन्हीं के साथ विवाह संबंध बनाते हैं, जिनकी आदतें और व्यवहार समान होते हैं। समान पेशों में जो लोग संबंध बनाते हैं, उनमें आम संस्कृति परंपरा बेहतर ढंग से विकसित होती है और समान पेशों में विवाह होना आजकल काफी प्रचलन में भी है। यहाँ तक कि भारत में प्राचीन काल में भी अंतरजातीय विवाहों की मनाही नहीं थी, परंतु उन्हें प्रोत्साहित नहीं किया जाता था। अनुलोम और प्रतिलोम विवाहों का प्रचलन नहीं था, पर हिंदू नियमों के अनुसार इनकी मनाही भी नहीं थी। चूँकि इस तरह के विवाहों से समाज के व्यापारिक, सामाजिक और आध्यात्मिक अव्यवस्था बढ़ने की प्रवृत्ति उपजी थी, इसलिए इनका प्रचलन आम नहीं था। सामाजिक संबंधों के रूप में जाति का राष्ट्र के बृहत् स्तर पर हस्तक्षेप नहीं था। सम्राट् अशोक ने भी अपने एक हिंदू मंत्री से कहा था, "जाति का महत्त्व विवाह संबंधों के लिए हो सकता है, परंतु धर्म का संबंध सद्‌गुणों से है और इसका जाति

से कुछ भी लेना-देना नहीं है।''

यह भी कहना अनुचित है कि हिंदुओं का समाज-सेवा से कोई संबंध नहीं था, जबकि अछूतों के उद्धार के लिए काफी काम हुए हैं। यह भी स्मरण नहीं किया जाता है कि स्वतंत्र भारत में इस पिछड़े वर्ग की जितनी सेवा हुई है, उतनी हाल के दिनों में किसी भी स्वतंत्र देश में नहीं हुई है। अति विकसित राष्ट्रों ने तस्मानी और ऑस्ट्रेलिया की जनजातियों, माओरी और उत्तरी अमेरिका के रेड इंडियन को किस तरह से सभ्य बनाया था? आमतौर पर हम उन्हें विलुप्त बताते हैं और जहाँ यह संभव नहीं है, वहाँ हमने इनके साथ जंगलियों की तरह व्यवहार किया। यदि अंग्रेजों की सुरक्षा में काफिरों की बढ़ोतरी होती और डच लोगों में जावा के लोगों की तथा इन सभ्य लोगों के सामने ब्रिटिश भारत बच गया, तब भी इसकी वजह यही थी कि ईश्वर ने इन सभ्य लोगों के अनुकूल यहाँ वातावरण इन्हें नहीं दिया था।

यूरोप के लोग यहाँ के गरम इलाकों के निवासी कभी नहीं बन सके, मगर प्रकृति ने इसकी सीमाएँ बचा रखी थीं तथा इन गरम क्षेत्रों का इतिहास बिल्कुल ही अलग रहा है। जब आर्यों का यहाँ के लोगों से मेल-मिलाप हुआ, तब उन्होंने उन तरीकों की खोज की, जिसके माध्यम से अलग वर्गों के लोगों का सामाजिक और आध्यात्मिक विकास हो सके। आर्यों ने काले लोगों में एक अनार्य प्रतिनिधि का भी चयन किया और उसके द्वारा पिता रूपी ईश्वर और भाई रूपी व्यक्ति का संदेश दिलाया। कृष्ण के व्यवहार ने समाज को आश्चर्यचकित कर दिया था तथा वैदिक भगवान् इंद्र और ब्रह्मा को भी नाराज कर दिया था। आज इन भगवानों के आर्य उपासक कृष्ण को ईश्वर के अवतार के रूप में देखते हैं। हालाँकि कृष्ण के मन में आर्य विचारकों के प्रति बहुत सम्मान था तथा यह भी कहा गया है कि युधिष्ठिर के राजसूय यज्ञ में उन्होंने ब्राह्मण अतिथियों के पाँव धोए

थे। आर्यों ने अनार्यों के भगवानों के साथ सहृदयतापूर्वक व्यवहार रखा था तथा आवश्यकतानुसार उनमें सुधार किया गया था एवं कम भी आँका गया। महिषासुर की उपासना करनेवालों को बताया गया कि ब्रह्मांडीय आत्मा महिषासुर से अधिक महान् है। नागों की उपासना करनेवालों को समझाया गया कि नागों के ईश्वर नागेश्वर या कृष्ण अधिक महान् हैं और उन्होंने कालिया नाग के फन पर नृत्य किया था। भारत के सांस्कृतिक इतिहास में निचले वर्ग के निरंतर विकास के चिह्न मिलते हैं। जब कभी समाज में मानवता की अनदेखी की प्रवृत्ति बढ़ी, तब बुद्ध या शंकराचार्य जैसे व्यक्तियों का आगमन हुआ तथा सामाजिक समानता पर बल दिया गया। 2000 मील लंबे और 1500 मील चौड़े फैलाववाला यह देश डान और वीरसीबा के समान नहीं है। हमारे आज के संवाद का माध्यम भी कुछ समय पहले तक उपलब्ध नहीं था। यदि हमारे पुराने भारतीयों ने पिछड़े वर्गों को सभ्य बनाने का काम अति उत्साह से न किया होता, तब हमारे पास दलित वर्गों की संख्या मात्र 50 लाख ही न होती बल्कि और भी बहुत होती। जब भारत में बाहरी आक्रमणकारी आए तब हिंदुओं के मौजूदा रूढिवादी वर्गों में आत्म सुरक्षा की भावना से हताशा उत्पन्न हुई और वह जाति-व्यवस्था के घेरे से बाहर छूट गए। हालाँकि मनु कहते हैं, "कहीं भी पाँचवाँ वर्ग नहीं है, पर जो जातियाँ स्वत: ही धर्म से प्रभावित नहीं हैं, वे पाँचवें वर्ग का निर्माण कर लेती हैं।" जो लोग अपने कर्तव्यों का पालन न करते हुए निर्दयतापूर्वक दूसरों को सताते हैं और विध्वंसकारी जुनून रखते हैं, वे म्लेच्छ वर्ग में आते हैं।" इन शोचनीय लोगों के लिए कोई भी शब्द अति कठोर नहीं है। ऐसे लोग, जो किसी अन्य नस्ल या निम्न वर्ग से संबंधित हैं, उन्हें सिर्फ इसी आधार पर असम्मानित करना हिंदू धर्म की आत्मा में नहीं है। हिंदू नेतृत्व ने बारंबार इस सत्य को दुहराया है कि सभी व्यक्तियों में आत्मा होती है।

जो लोग जीवन के संघर्ष से निवृत्त हो चुके हैं, उनके लिए वानप्रस्थ और संन्यास आश्रम बनाए गए हैं। संन्यासी हिंदू धर्म का उच्चतम पुरुषार्थ दरशाता है। सभी तरह के त्याग एवं तप द्वारा व्यक्ति इस स्थिति तक पहुँचता है। उसके भावनात्मक जीवन में पशुभाव की भावना न होकर ईश्वरीय भक्ति अभिव्यक्त होती है। उसका मस्तिष्क सभी अतर्कों और अंधविश्वास से दूर हो जाता है तथा वह मानवता में संपूर्णता महसूस करता है। उसकी सक्रियता मानवता की सेवा में रहती है, क्योंकि वह जानता है कि ईश्वर का सभी में वास है। वह व्यक्ति जो सभी में एक रूप देखता है, वह स्वार्थपूर्ण पाप नहीं कर सकता है। वह भगवद्‌गीता का प्रमुख व्यक्ति है, वह बुद्धवाद से जाग्रत् एक सच्चा ब्राह्मण है, जो कि निर्धनता में महान् रहता है तथा कष्ट में भी आनंद भाव रखता है, उसके हृदय में सुख और दुःख का समभाव है। वह सभी जीवों से प्रेम करता है तथा वह बुराई का विरोध न करते हुए उनपर प्रेम से विजय प्राप्त करता है। उसमें व्यक्ति की आत्मा अपने उच्चतम स्तर पर बनी रहती है। उपनिषदों के समय में ऋषियों के काल से ही भारत में संन्यास का महत्त्व रहा है। संन्यास के लिए राजाओं ने अपना राज्य छोड़ा और निर्धनता अपनाई तथा योद्धाओं ने अपने विजय के अहं का त्याग करते हुए अपने शस्त्रों का त्याग किया और कुशल कारीगरों ने अपने परिश्रम एवं कला को ईश्वर को समर्पित किया।

यह संन्यासी मानवता के सहायक थे। इनमें से कुछ महान् संन्यासी जैसे शंकर, रामानुज, रामानंद और कबीर आदि की राष्ट्र-निर्माण में भी भूमिका थी और इनके धर्म की नींव रखी। यह भी सत्य है कि भारत में मध्यकालीन यूरोप की ही भाँति कुछ संन्यासियों ने संसार की चिंताओं से दूर हटने के लिए वनगमन पलायन की त्रुटि अपनाई थी। इन मठों के संतों की आवाजें अंधकार में भटक गईं तथा पाप के प्रति उनके विवेक और स्वार्थपूर्ण मोक्ष के प्रति उनकी भावना दिखाती है कि मध्यकालीन

यूरोप का मठवाद ईसा की वास्तविक शिक्षा नहीं थी, जो कि हमें स्वयं को एक विश्वसनीय सेवक के रूप में देखने के लिए कहती है, अतः जीवन के संघर्ष को छोड़कर भाग जाना सच्चा संन्यास नहीं है, क्योंकि सच्चा संन्यासी मानवता के लिए विनम्रतापूर्वक सच्चे प्रेम और आनंद के साथ कष्ट सहता है। जीवन के उच्चतम स्तर तक पहुँचने के लिए धर्म के शाब्दिक नियमों का पालन आवश्यक नहीं है। ऐसे भी उदाहरण हैं, जब सामान्य स्थिति से अचानक परिवर्तन हुए और लोगों में आश्चर्यजनक रूप से नैतिक उत्थान हुए, जिन्होंने जीवन का उच्चतम अध्ययन भी नहीं किया था। धर्म के नियम सामान्यतया व्यक्ति के सामान्य विकास को ही दरशाते हैं। स्वतंत्र आत्माएँ अकसर पारंपरिक व्याकुल कर देनेवाले सवालों की निरर्थकता पर मुसकराती हैं, क्योंकि यह निचले स्तर के जीवन को व्यग्र कर देता है। एक संन्यासी का द्वार सभी जातियों के लिए खुला रहता है। व्यक्ति को अपने जीवन में अपने तीन ऋणों से मुक्त हुए बिना मोक्ष की इच्छा नहीं करनी चाहिए, जैसे ईश्वर का ऋण प्रार्थना के द्वारा, पितृऋण दान व संतान के पालन पोषण और व्यक्तियों की सेवा के द्वारा तथा ऋषियों का ऋण प्राप्त ज्ञान को दूसरों को देने के द्वारा।

हिंदू धर्म में सभी तरह के व्यक्तियों जैसे आवेशहीन वृद्ध, जो कि जीवन के सभी कर्मों से निवृत्त हो चुका है तथा सांसारिक सफलताओं के संघर्ष में लगे युवाओं के लिए भी स्थान है। हिंदू धर्म की यह चारों जातियाँ किसी विशेषता को प्रेरित करने के लिए नहीं हैं, बल्कि यह संपूर्ण मानवता के एकीकरण के लिए हैं, जिसमें किसी तरह के शोषण की भावना नहीं है। हिंदूवाद ने एशिया के एक बड़े हिस्से को सभ्य बनाने का काम किया है। लोगों को साम्राज्यवाद से अधिक सांस्कृतिक विजय और आध्यात्मिकता ने आकर्षित किया था। मध्य एशिया में खोटान के राजवंश से लेकर जावा के द्वीप तक जो कि भारत और ऑस्ट्रेलिया के बीच है, यहाँ हिंदू विद्वानों

की जीवन और कला की अभिव्यक्ति नजर आती है। द्वितीय ईसवी में जावा में हिंदू आए और यह हिंदू एवं बौद्ध धर्म से अभी तक प्रभावित हैं। आज जापान, चीन और बर्मा भारत की तरफ अपनी आध्यात्मिकता के मूल के लिए देख रहे हैं, यहाँ तक कि ईसाई भी फिलिस्तीन को इसी रूप में ले रहे हैं। रूस से चीन तक हम जहाँ कहीं भी जाते हैं, समरकंद हो या तिब्बत, हम हिंदू सभ्यता के चिह्न देख सकते हैं। पश्चिमी एशिया तथा मेसोपोटामिया के मैदानी भाग एवं टिगरिस और इयुफ्रेट्स नदियों के सिंचित क्षेत्रों में भी हमें हिंदू संस्कृति के चिह्न मिलते हैं। बोधासकुई में 1400 ईसा पूर्व तक के विद्वानों के शिलालेखों से पता चलता है कि उस समय लोग हिंदू भगवानों की ही उपासना करते थे। भारत का यह प्रभाव इसलिए नहीं है कि इसका धर्म काफी पुराना है या यहाँ के सम्राट् महान् थे या यहाँ विनाश के अस्त्र विकसित किए गए या बड़े स्तर का विनाश किया गया, बल्कि यहाँ की बौद्धिक समझदारी के लिए है कि यहाँ विभिन्नता में भी एकता है। जहाँ कहीं भी यह बुद्धिमत्ता पहुँची, इसने अपना प्रभाव डाला कि सभी चीजों में ईश्वर विद्यमान है। भारत में आनेवाली सभी शक्तियों और धर्मों का यहाँ स्वागत हुआ, क्योंकि उन्होंने महसूस किया कि आध्यात्मिक ऊँचाई की पहाड़ी एक ही है, परंतु यहाँ तक पहुँचने के रास्ते भिन्न हैं। जो लोग यहाँ संदेह रहित होकर घूम रहे थे कि सभी रास्ते एक ही मंजिल तक पहुँचते हैं, वह कहते हैं, ''अपनी आँखें खोलो और देखो निचले स्तर पर अलग-अलग हैं, पर ऊपर सभी एक हैं।'' यह भी हो सकता है कि भारत के समावेशी विचारकों ने यहाँ आए दुनिया के महान् धर्मों की ताकतवर धाराओं के साथ सामंजस्य बना लिया था।

□

इसलाम और भारतीय विचार

बुद्धिमत्ता के उच्चतम स्तर के उपरांत हम कई क्षेत्रों में जिज्ञासावाली तलाश महसूस करते हैं, यानी जीवन का एक ऐसा दर्शन, जो हमें हमारे पूर्वजों से अधिक संतुष्ट करे। धार्मिक विचारों के पारंपरिक बंधनों में पहले की अपेक्षा काफी लचीलापन आया है। लोग पूर्ण स्वतंत्रता का दावा करते हैं और वह आज के अनुसार अपने सिद्धांतों को नया आकार भी देते हैं। हमारे आधुनिक विचारों को नूतन विचारों में अधिक आकर्षण महसूस होता है। प्राचीन धर्ममतों की वैधता और उपयोगिता को पुनः न्यायसंगत ठहराने के लिए व्यवस्था बनाना एक चुनौती है। विकासशील धर्मों के सभी आध्यात्मिक नेता अपने पारंपरिक दृष्टिकोण पर पुनर्विचार कर रहे हैं, ताकि उन्हें आधुनिक ज्ञान और अनुभवों के प्रहार से बचाया जा सके। सर अहमद हुसैन धार्मिक और सांस्कृतिक चिंतक ने अपनी पुस्तक में यह दरशाने का प्रयास किया है कि इसलाम की व्याख्या आधुनिक विज्ञान और दर्शन के द्वंद्व के रूप में नहीं होनी चाहिए। हमें इससे इस सहयोग का विचार मिलता है कि भारत भविष्य के इसलाम का पुननिर्माण करनेवाला है।

किसी भी देश में धर्म का विकास इसकी सांस्कृतिक परंपरा और राष्ट्रीय चरित्र पर निर्भर होता है। अरब में इसलाम एक अक्खड़ धर्ममत

था, जो कि बाद की शताब्दियों के सुधारों से पूरी तरह से अपरिचित था। जब इसने पर्शिया के लोगों को अपने अधीन बनाया, तब सामी प्रवृत्तियों में रहस्यवाद का रुझान बढ़ा। इसके साथ ही प्राचीन अरब परंपरा ने दर्शन और भड़कीले मिथकों को जगह दी, जिसमें मुहम्मद जन्नत और पृथ्वी के बीच के रहस्यमयी व्यक्ति बन गए। भारत में तकरीबन 7 करोड़ लोग इसलाम को मानते हैं और उनका एक बहुत बड़ा वर्ग हिंदुओं की तरह ही व्यवहार करता है। इसलिए यह स्वाभाविक है कि इसलाम के भारतीय रूप के अपने अलग ही कारक होने चाहिए। आनेवाले दिनों में भारतीय मुसलमानों को अपनी स्वयं की आध्यात्मिक विरासत के अनुसार इसलाम की व्याख्या में सम्मान का अनुभव महसूस हुआ। ऐसा विचित्र सा लगता है कि हमारे शिक्षित मुसलमान भाइयों ने अपनी निष्ठा को इसलाम के प्रति समर्पित कर दिया और वह स्पेन के मूर तथा बगदाद के खलीफा के वंशज बन गए। इन्होंने स्वयं को हिंदू देशवासियों से सामाजिक और सांस्कृतिक रूप से अलग समझा। हम अपनी संपूर्ण मानसिकता नहीं बदलते हैं, हम सिर्फ अपने बौद्धिक या धार्मिक विश्वासों को ही परिवर्तित करते हैं। व्यक्ति का धर्म परिवर्तन उसके पुराने देश या उसके आदर्शों का परिवर्तन नहीं है। यह स्वागत योग्य है कि भारत के मुसलमान नेताओं ने विचार और व्यवहार में भारत की साझा आध्यात्मिक विरासत को महसूस किया और छद्म धर्मगुरुओं एवं राजनेताओं के बनाए बनावटी मतभेदों का विरोध किया। हम चाहे जिस भी मत के हों, हमारी नसों में एक ही खून बह रहा है और हम महान् आध्यात्मिक विरासत के वंशज हैं। आयरलैंड के ए.ई. ने भारत के विषय में कहा है, "हम पृथ्वी पर उन नस्लों में से बचे हुए लोग हैं, जिनकी परंपराएँ ईश्वर की तरफ जाती हैं।" भारत की वास्तविकता पुरातन काल और बहुत सी परंपराओं की तरफ जाते हुए हमारी इच्छाओं के विरुद्ध होने पर भी हमसे अनुरोध करती है तथा हमारी

स्मृति को झँझोड़ते हुए हमारी विस्मृत आँखों को खोलती हैं। भारत की आत्मा एक जीवंत प्राणशक्ति है और यही हमें भारतीय बनाती है। अपनी विस्तृत आध्यात्मिक पृष्ठभूमि के साथ भारतीय मुसलमानों ने इसलाम की वास्तविक उत्कृष्ट व्याख्या इस रूप में की, ताकि यह आज के अज्ञानी धर्मगुरुओं, धार्मिक कट्टरपंथियों और राजनीतिक साजिशकर्ताओं से अलग दिखे। यदि भारतीय मुसलमान अपनी पारंपरिक विरासत को अपने हासिल किए गए विश्वासों के साथ मिलाता है, तब वह इसलाम के उन वास्तविक अनदेखे पहलुओं पर जोर देगा, जिसने वाकई सभ्यता और संस्कृति को बढ़ावा दिया तथा ऐतिहासिक दुर्घटनाओं से उत्पन्न निरर्थक विवादों को नकारते हुए मृत संसार में जीवंतता प्रदान की थी। वह धार्मिकता की उस जकड़न को तोड़ देगा, जो कि लोगों के जीवन को अंधभक्ति के रूप में प्रभावित करती है तथा दुनिया को इसलाम की मुहम्मद के संदेश वाली व्याख्या देगा, जो कि उनके बाद के अनुयायियों द्वारा दिए गए धर्ममतों के बजाय पैगंबर के अधिक नजदीक होगी। माननीय श्री अमीर अली ने अपनी पुस्तक 'द स्पिरिट ऑफ इसलाम' और सर अहमद हुसैन ने 'नोट्स ऑन इसलाम' में भारत की अतीत की भूमि से पैदा होनेवाले खूबसूरत फलों के पूर्वानुमान के बारे में बताया है।

दो

मुहम्मद की गंभीर धार्मिक प्रकृति ने भारतीय कल्पना को बहुत प्रभावित किया है। रचनात्मक रहस्यवाद की तरफ देखने से पता चलता है कि मुहम्मद अकसर प्रार्थना करते थे और हीरा पहाड़ी पर ध्यान के लिए पूरी रात वहीं रुक भी जाते थे। उनके लिए धर्म सत्य को जानने और इसके साथ जीने का एक प्रयास था। जीवन के एक रूप में धर्म को समझने पर हम पंथ और परंपराओं को समझदारी भरे दृष्टिकोण से अपना

सकते हैं। पंथ तभी सत्य होते हैं, जब वह जीवन की वास्तविकताओं को दरशाते हैं। अनुभव केवल परिपूर्णता नहीं है, बल्कि यह पंथों की परख भी है तथा प्रत्येक काल-अनुभव के प्रकाश में ही पंथों की पुनर्व्याख्या करता है। सर अहमद हुसैन ने इसलाम के सिद्धांतों की पुनर्व्याख्या बहुत रूढ़िवादी ढंग से न करते हुए मध्यमार्ग को अपनाते हुए की है। हमारे लेखक ने कुरान के शब्दों की शाब्दिक व्याख्या उस रूप में नहीं की है जैसा कि मौलवियों ने की है, बल्कि वही किया है, जो उन्हें तर्कसंगत महसूस हुआ। ऐसा करने में वह मुहम्मद की भावना के नजदीक थे, जिन्होंने किसी तरह का प्रतिबंध नहीं लगाया था और मानवता के विवेक को जाग्रत् किया था। ईश्वर की अनुभूति सिर्फ मानव आत्मा के द्वारा ही हो सकती है और हमें यह यकीन करने के लिए बाध्य नहीं किया गया है कि सबसे बुद्धिमान वे ही हैं, जो कि अपने समय के पूर्वग्रहों और त्रुटियों से मुक्त हैं। कुरान में कई चीजें स्थानीय और अस्थायी रुचि की हैं, जो कि क्वा धर्म से संबंधित है। सभी पंथों के रूढ़िवादी यह भूल जाते हैं कि धर्म की सूखी हड्डियाँ कुछ नहीं हैं, बल्कि वह आत्मा ही है, जो कि हड्डियों में चपलता पैदा करती है। सर अहमद हुसैन ने इसलाम को मौलवियों के धार्मिक मतवाद से पृथक् किया, "मैं इसलाम और मुसलिमवाद में अंतर मानता हूँ। मुसलमानवाद विशुद्ध इसलाम नहीं है। यह तो इसलाम की आत्मा को भुला चुका है तथा केवल अपने कानून को याद रखता है।"

जब हम धर्म में अनुभव की तरफ होते हैं, तब हमें यह महसूस होता है कि किसी भी मत को माननेवाला सच्चा धार्मिक आपस में एक-दूसरे के पास होता है। हिंदुवाद के बृहत् परिप्रेक्ष्य में बताया गया है कि सभी धर्म एक ही सत्य की पुष्टि करते हैं और इसका जलालुद्दीन रूमी की एक कहावत से भी पता चलता है, "सभी धर्मों का मूल समान और एक ही है।" भारतीय मुसलमान के लिए निषेध के भाव को हृदय से

स्वीकार करना असंभव है और यही सामीवादी धर्म का कारक भी है। भारत पुराने समय से ही धार्मिक स्वतंत्रता और सामंजस्यता का पक्षधर रहा है। इसी भावना के लिए महान् अकबर ने सभी भारतीयों को आम धर्म के द्वारा एक समरूप राष्ट्र में शामिल करने की कोशिश की थी, जिसमें मुसलमान और हिंदू मिलकर रहें; हालाँकि उसका यह प्रयास असफल रहा, क्योंकि परिस्थितियाँ उसके अनुकूल नहीं थीं। यह ध्यान देने योग्य है कि उपनिषदों के आदर्शवाद से ही इसका प्रभाव पड़ा था, जिसमें सभी मतों को स्पष्ट करके इसको वैश्विक मूल्य प्रदान किया था। अकबर के पोते दारा शिकोह ने दो सागरों (हिंदू धर्म और इसलाम) को मिलाकर काम किया और लिखा है। उसने माना कि दोनों धर्मों की क्षमता उन्नत स्तर के जीवन को पाने में सहायता करने की है। सर अहमद हुसैन के अनुसार हम मोक्ष के एक ही लक्ष्य पर पहुँच सकते हैं, कृपया स्मरण रखें कि जिस प्रकार बहुत से आदमी हैं और उनके उतने ही मन हैं, उसी प्रकार बहुत से धर्म और ईश्वर के बारे में समझ भी है।'' जो लोग मुसलिम समुदाय के साथ जीते हैं, संभवतः उन्हें यह यकीन कराना मुश्किल होगा कि यह कैथोलिक विचारधारा कुरान की शिक्षा को प्रस्तुत करती है। यह भी सत्य से अधिक और कुछ नहीं है। यह एक भ्रांतिपूर्ण विश्वास है कि कोई धर्म सच्चा नहीं है, क्योंकि इसलाम कट्टरवाद, असहिष्णुता को जन्म देता है और यह कुरान की शिक्षा के खिलाफ है। दूसरे सूरा की पहली आयत हमें मुहम्मद से जो कहा गया, सिर्फ उसपर ही यकीन नहीं दिलाती है, बल्कि जो लोग उनसे मिलने गए, उन्हें भी स्पष्ट करती थी। इसमें यह स्पष्ट है कि बहुत से और भी सच्चे धर्म हैं और होंगे तथा इनमें से एक इसलाम भी है।

धार्मिक विद्वान् मुहम्मद ने किसी तरह की परख की बात नहीं कही है। उनका पहला कथन है, ''जो भी कहे कि ईश्वर नहीं है, पर ईश्वर

ही मुक्ति देगा, मुहम्मद यहूदी और ईसाई धर्म की निषिद्धता का विरोध करते हैं। उनके अनुसार, जो भी ईश्वर में विश्वास करता है और उसकी इच्छा के अनुसार काम करता है, वह मोक्ष का अधिकारी है। वे कहते हैं कि यहूदी और ईसाई के अलावा और कोई भी स्वर्ग नहीं जा सकता, यदि तुम सच कहते हो, तब इसका प्रमाण प्रस्तुत करो, परंतु वह जो ईश्वराभिमुख है और सही कर्म करता है, उसे ईश्वर से इसका पुरस्कार मिलेगा।" (सूरा V, 105) "जिन्हें भी ईश्वर में यकीन है, वह चाहे जो भी हों, वह उचित कर्म करते हैं, वह न तो दुःखी होंगे और न ही डरेंगे तथा ईश्वर उन्हें इसका पुरस्कार देगा।" (सूरा V 69) मुहम्मद ने पंथ से अधिक व्यवहार पर बल दिया है। प्रत्येक धर्म जो नेकी को प्रोत्साहित करता है, वह स्वीकार करने योग्य है। "प्रत्येक व्यक्ति के लिए हमने एक नियम और एक मार्ग बताया है। यदि ईश्वर चाहता तो उसने तुम सभी को एक ही व्यक्ति बनाया होता, परंतु उसने तुम सभी को अलग-अलग बनाया, ताकि तुम जहाँ रहो, वहीं नेक काम करते रहो। कुरान के अनुसार, "जिन्हें ईश्वर में यकीन होता है, वह नेक काम करते हैं।" इसी की पुष्टि करते हुए आगा खाँ ने कहा है कि इस अर्थ में महात्मा गांधी भी एक मुसलमान थे। यहाँ तक कि ईसा ने भी यह नहीं कहा कि उसपर विश्वास से तुम उसे जानोगे, बल्कि उसके परिणामों से तुम उसे जानोगे। पीटर ने सच ही कहा है, "सत्य के बारे में मैं महसूस करता हूँ कि ईश्वर व्यक्तियों का सम्मान नहीं करता है, बल्कि प्रत्येक राष्ट्र में लोग उससे डरते हैं और उनके नेक काम ही उसे स्वीकार्य हैं।"

सर अहमद हुसैन कहते हैं कि इसलाम का सच्ची ईसायत या किसी अन्य सच्चे धर्म से विरोध नहीं है, क्योंकि सभी धर्मों के सार में ईश्वर को पिता और लोगों के साथ भाईचारे की बात है, केवल कट्टर धार्मिक मत ही आपस में संघर्ष करते हैं। ईसा के प्रति विश्वास मुहम्मद के प्रति

विश्वास जैसा ही है। किंतु जब सेंट पाल हमें यह यकीन करने के लिए कहते हैं कि ईसा हमारे उद्धारक हैं, तब वह ईश्वर मानवता तक उतर आते हैं और इस प्रस्ताव पर ईसाई विचारकों के लिए ईसायत का बचाव करना मुश्किल हो जाता है कि यह इसलाम का विरोध करती है, जबकि वास्तव में यह मुहम्मद के दावों का समर्थन ही करती है। इसलाम ने ईसा को एक पैगंबर या ईश्वर को दूत माना है, जिसने मानवता के लिए धर्म का सुधार किया था। वह सभी के लिए अन्य नश्वर लोगों की भाँति एक मानव ही थे और पापों के संबंध में तथा अन्य लोगों की भाँति जरूरत के लिए ईश्वर पर ही निर्भर थे। इसलाम मुहम्मद का विरोध या उन्हें ईश्वर के बराबर नहीं प्रस्तुत करता है, जैसा कि कुछ मौलवियों ने उन्हें अहमद के रूप में अहद भी कहा है। हमारे पैगंबरों ने स्वयं को कभी भी मनुष्यों से अधिक होने का दावा नहीं किया है। मुहम्मद कहते हैं, "ईश्वर ने मुझे चमत्कार करने के लिए नहीं, बल्कि तुम्हें उपदेश देने के लिए भेजा है। मैंने कभी नहीं कहा कि अल्लाह का खजाना मेरे हाथ में है और मैं देवदूत हूँ तथा मैं छिपी हुई चीजों के बारे में जानता हूँ। मैं अल्लाह की मेहरबानी के बिना न तो मदद कर सकता हूँ और न ही स्वयं पर यकीन ही कर सकता हूँ।" (सूरा xvii, 95-98)

हालाँकि मुहम्मद के प्रथम अनुयायियों का उनके प्रति लगाव और उत्साह इतना अधिक था कि उनके प्रति कई तरह की कहानियों ने भी जन्म ले लिया था। जिस रात पैगंबर का जन्म हुआ था, यह भी कहा गया कि चौसरोज का महल भूकंप में गिर गया था तथा मागी की पवित्र अग्नि बुझ गई थी और सावा की झील सूख गई थी तथा टिगरिस में बाढ़ आ गई थी और दुनिया भर की सभी मूर्तियाँ औंधे मुँह जमीन पर गिर गई थीं। कहानियों की इन परंपराओं को कभी भी स्वीकृति नहीं मिली। संशयवाद और अविश्वसनीयता के लिए अरब के उनके पुराने

अनुयायी ही जिम्मेदार थे। यहाँ तक कि जेरूसलम तक की मुहम्मद की रात्रिकालीन यात्रा मक्का के पास उन्हें सुनाई पड़ी, ईश्वर की आवाज की कहानियाँ भी इसलाम के लिए कभी भी आवश्यक नहीं बन पाईं तथा पैगंबर के पैगंबर तक को भी सम्मान प्राप्त नहीं हुआ था। कहानियों के रुझान से पता चलता है कि उनकी उपासना में स्वयं को ईश्वर के सम्मुख अभिवादन करना शामिल है। उनके पास के मध्यस्थ की प्रार्थना भी मूर्तिपूजा की भाँति होगी तथा उनका सबसे बड़ा काम पैगंबर की कब्र और इमामों के मकबरों को ढहाना होगा।

मुहम्मद जैसे विचारक के लिए बलपूर्वक धर्म-परिवर्तन की तरफदारी करना असंभव है। हम लोगों से उनके विश्वासों को परिवर्तन करने के लिए बाध्य नहीं कर सकते हैं। धर्म में किसी भी तरह की बाध्यता नहीं होनी चाहिए। "क्या तुम लोगों के विश्वास के लिए जबरदस्ती करोगे, जबकि विश्वास तो केवल अल्लाह से मिलता है।" इसमें संदेह है कि मुहम्मद का विचार अरब में न रहनेवालों को इसलाम धर्म में परिवर्तित करने का था। धार्मिक उत्पीड़न और बलपूर्वक धर्मपरिवर्तन ने इसलाम के नाम को कलंकित किया था तथा यह इसलाम की वास्तविक आत्मा के प्रतिकूल है। उमर, जो कि इसलाम धर्म का उत्पीड़क था और बाद में इसका धर्म प्रचारक भी बन गया। इसी ने उन लोगों के खिलाफ पहली बार तलवार उठाई, जिन्होंने इसलाम को तुरंत स्वीकार करने से मना कर दिया था तथा मुहम्मद के कुछ अनुयायियों ने इस दृष्टिकोण का भी प्रचार किया, जो लोग धार्मिक विश्वास के लिए लड़ते हुए प्राण त्याग देते हैं, वे सच्चे शहीद हैं। भारतीय मुसलमानों ने अपने हिंदू भाइयों के साथ धार्मिक स्वतंत्रता में विश्वास बनाए रखा। इस बारे में सर अब्दुर्रहीम ने कहा, "यह बिल्कुल ही गलत धारणा है कि इसलाम का धर्म और कानून बलपूर्वक धर्म परिवर्तन करना है।" खिलाफत आंदोलन

चाहे वह राजनीतिक ही क्यों न हो, इसने धार्मिक स्वतंत्रता बढ़ाने में वाकई सहायता की थी। सर चार्ल्स टाउनशेंड, जो कि कतेल उमरा के समर्थक थे, लिखते हैं, "भारत के हिंदुओं ने यहाँ की सभी जातियों के साथ धार्मिक स्वतंत्रता बना रखी है। भारत की आत्मा इसलाम की शिक्षा इसके कुछ कठोर पहलुओं को राहत पहुँचाने के लिए दे रही है। हिंदू धर्म और इसलाम के आपसी मेल-जोल से विभिन्न धार्मिक व्यवस्थाओं में संतुलन को प्रोत्साहन मिलेगा।"

तीन

हम अब इसलाम के धार्मिक पहलू के बारे में जानेंगे कि क्या इसका ईश्वर-बोध हिंदू दृष्टिकोण का विरोधी है। सभी धर्म ईश्वर की विषयपरक वास्तविकता से सहमत हैं, इसलिए ईश्वर के गुणों की उपासना सभी धर्मों में अलग-अलग है। हिंदू दृष्टिकोण के अनुसार कोई भी विचार ईश्वर के रहस्य को प्रकट नहीं कर सकता है। ईश्वर को तार्किक संकेतों के माध्यम से पारिभाषित नहीं किया जाता है, परंतु उसे आत्मा की गहराई से महसूस किया जा सकता है। हम अपने उपलब्ध संसाधनों से इसे पारिभाषित नहीं कर सकते हैं। हम अपनी स्वयं की चेतना से परिचित होते हैं, इसलिए ईश्वर की प्रकृति को उसी के अनुरूप व्यक्त करते हैं। ईश्वर सत्य, प्रेम और पूर्णता यानी बुद्धिमत्ता, सुंदरता और शक्ति या असीमितता, कृपा और प्रभुत्व का स्वामी है तथा हमारे चेतन जीवन के तीन पहलुओं—ज्ञान, भावना और इच्छा का प्रत्युत्तर देता है। हिंदू धर्म का त्रिमूर्ति-बोध ईश्वर की इसी प्रकृति को दरशाता है। ब्रह्मा रचयिता, विष्णु उद्धारकर्ता और शिव न्याय करते हैं। ब्रह्मा चीजों को उसके आदर्श रूप में निर्मित करते हैं, उनका असीमित ज्ञान सीमित संसार में स्पष्ट होता है, जो कि था, है और रहेगा। विष्णु अनंत शक्ति और

ब्रह्मांड के नियम के प्रेम रूप हैं। वह हमें बुराइयों से लड़ने की ताकत देते हैं तथा ऊपर उठने में सहायता करते हैं। शिव अनंतशक्ति और न्याय के देवता हैं और वह कुछ भी करने में सक्षम या बिना किए छोड़ने या किसी अन्य रूप में करते हैं। हिंदू अपने ईश्वर को चाहे जिस भी नाम से पुकारें, पर वह इसमें प्रकाश, प्रेम और जीवन का संयोजन देखते हैं। सर अहमद हुसैन के अनुसार, सभी धर्म एक ही वास्तविकता में यकीन रखते हैं। ईश्वर एक ही है, वह अनंत है, इसका न आदि है और न अंत तथा वह किसी भी रूप में प्रतिबंधित या सीमित नहीं है। येजदा, ईश्वर, जेहोव, गाड, अल्लाह भिन्न-भिन्न भाषाओं में एक ही अनंत ईश्वर के नाम हैं। सीमित मस्तिष्क द्वारा ईश्वर की असीमितता और अभेद्यता के बारे में कुरान में कई स्थानों में लिखा गया है। इसकी आयत कहती है, ''अल्लाह एक है; वह शाश्वत, अजन्मा और जन्म भी नहीं देता है, उस जैसा और कोई है भी नहीं।'' इस संसार में उसके अलावा सभी परिवर्तनशील और नश्वर हैं। वह काल और अंतरिक्ष के घटनाक्रमों के भँवर में अकेला ही स्थिर है तथा यही हमारा आधार हो सकता है, इसी के सहारे हम संसार के अंधकार, पापों, अत्याचारों का सामना कर सकते हैं। ईश्वर से महान् इस संसार में कुछ भी नहीं है। दृष्टि उसे देख नहीं सकती, पर वह मनुष्य की दृष्टि देख सकता है। वह सभी रहस्यों को जानता है। (सूरा 104) खलीफा अली ईश्वर के सभी तरह के मानव रूपों को निषेध करते हैं। ईश्वर मानव के द्वारा कल्पित किसी भी रूप के अनुरूप नहीं है तथा मानव की सांसारिक चीजों से उसका मेल भी नहीं है। ईश्वर को श्रद्धा से ही समझा जा सकता है। ज्ञान की पूर्णता ही उसके गुणों का यथार्थ है। यथार्थ की पूर्णता में उसकी गंभीरता का समावेश है और गंभीरता की पूर्णता ही उसके सभी लक्षणों को नकारना है। ईश्वर का स्थान, समय और माप से कोई संबंध नहीं है। व्यक्ति अपने नकारात्मक

आदर्शों से संतुष्ट नहीं रहता है, इसलिए वह ईश्वर को एक व्यक्ति के रूप में देखने पर जोर देता है। कुरान की शुरू की आयत के अनुसार, "इबादत अल्लाह की करो, वह शब्दों में जान फूँकता है, दयालु और करुण होने के साथ वह फैसले के दिन का बादशाह है।" वैष्णव और ईसायत में विचार को प्रेम के रूप में दिखाया गया है तथा यहूदी और इसलाम में ईश्वर को एक शक्ति बताया गया है। ईश्वर सर्वशक्तिमान पुंज और शाश्वत न्यायी है। मुहम्मद फैसले के दिन की बात बार-बार कहते हैं कि "जब स्वर्ग और धरती आपस में मिल जाएँगे और अल्लाह के अलावा कुछ नहीं होगा। यहाँ अन्य पहलुओं की भी अनदेखी नहीं की गई है। ईश्वर सिर्फ न्याय ही नहीं करता है, बल्कि वह पापों को माफ करनेवाला तथा पश्चात्ताप को भी स्वीकार करता है।" (सूरा xL 1.2) वह पथभ्रष्टों का मार्गदर्शक, वेदना देने वाला, असहायों का मित्र, पीड़ितों को सांत्वना देनेवाला तथा इसका प्रेम माता के वात्सल्यमयी प्रेम की भाँति है। यहाँ कई आयतों में ईश्वर के प्रेम और उसकी कृपा को बार-बार बताया गया है। "क्या वह अधिक महान् नहीं है, जो कि पीड़ितों की पुकार सुनकर उनके दुःखों को दूर करता है और धरती पर उन्हें सफल बनाता है।" (सूरा, xxvii 62) अपने पापों के लिए ईश्वर से माफी माँगो और उसकी तरफ जाओ, क्योंकि वह दयालु है। इसके सभी अध्यायों में अब्दुर्रहमान से ही शुरुआत होती है, जो कि दरशाता है कि उसकी सभी रचना में उसका प्रेम शामिल है। मानव के हृदय से परदा हटाने का भी काम वही करता है, ताकि वह ईश्वर के पास पहुँच सके। ईश्वर ही सभी को बनानेवाला और शब्दों में जान फूँकनेवाला है। वह कोई ऐसा देवता नहीं है, जो कि संसार से दूर कहीं बैठा है। "ईश्वर पूरब-पश्चिम सभी दिशाओं में है। इसलिए तुम जिधर भी मुँह करोगे तुम उसके सामने होगे। वह तुम्हारे भीतर भी है। तुम उसे क्यों

नहीं देखते हो?" (L1 2.1) यह सच है कि मैं तुम्हें तुम्हारी आत्मा में सभी दिशाओं से स्वयं को दिखाऊँगा, जब तक कि तुम्हें यह पूरी तरह से स्पष्ट न हो जाए। निर्माण, उद्धार और न्याय ही ईश्वर की विशेषताएँ हैं और वह दैवीय एकता हमें त्रिदेववाद से बचाती है।

प्रत्येक आत्मा की रचना ईश्वर के द्वारा हुई है और जब तक वह वापस ईश्वर के पास नहीं लौट जाती, इसे आराम नहीं है। इसकी जटिल प्रकृति ईश्वर के प्रति समर्पण के लिए बनी है। हमें अपनी बुद्धिमत्ता का इस्तेमाल इस रूप में करना चाहिए कि हम ईश्वर की विद्यमानता सभी चीजों में महसूस कर सकें। सर्वशक्तिमान के अस्तित्व में विश्वास, ईश्वर पर सभी चीजों की निर्भरता स्वतः ही महसूस करा देगी। हम ईश्वर की प्रार्थना करते हैं और विनम्रतापूर्वक उसके प्रति कृतज्ञता महसूस करते हैं। सभी प्रार्थनाओं का मूल आत्मविनम्रता और ईश्वर का महिमामंडन तथा उसकी दया पर निर्भरता है। हम प्रार्थना के माध्यम से उसकी धरती पर कहीं भी उसके प्रति हृदय से कृतज्ञता व्यक्त करते हैं। हम अपनी रोजाना की जिंदगी में उसका मार्गदर्शन माँगते हैं और उसके आदर्शों पर चलने के लिए संघर्ष करते हैं। चाहे हम ज्ञान के द्वारा उसकी तलाश करें या भक्ति का माध्यम अपनाएँ या उसके प्रति समर्पित रहें, परंतु अंत एक ही है।

इसलाम की नीति का संबंध उन्नत प्रकृति से है। यदि हम स्वर्ग में मौजूद परमपिता के काबिल बनेंगे, तब हम ऐसा कुछ भी नहीं करेंगे, जो कि मानव के दैवीय मूल के खिलाफ होगा। एक सच्ची धार्मिक आत्मा बनने के लिए मुहम्मद नमाज, रोजा, दान तीर्थयात्राएँ और आत्मसंयम का पालन करने के लिए कहते हैं। यहाँ दान पर बहुत जोर दिया गया है तथा आतिथ्य सत्कार एक धार्मिक कर्म है। पवित्रता एक सद्गुण माना गया है। शराबखोरी, जुआ और इसी तरह के अन्य व्यसनों का निषेध है। धार्मिकता का सार नैतिक जीवन ही है। "जो लोग आडंबर और जुनून से

दूर रहते हैं तथा दान, प्रार्थना, विश्वास और रिवाजों को बनाए रखते हैं, वे शाश्वत आनंद प्राप्त करते हैं।"(सूरा xxiii, 8) प्रत्येक मुसलमान, जो नंगे को कपड़ा पहनाता है, ईश्वर उसे स्वर्ग का हरा दुशाला पहनाएगा। इब्राहिम बेन की कहानी इस नैतिकता को बताती है कि मानव का मित्र ईश्वर का भी मित्र होता है। अधिकतर मुसलमानों का व्यवहार चाहे जैसा भी हो, पर पशु के जीवन को लेकर वह उदासीन नहीं है, किंतु वह इसकी पवित्रता पर बहुत अधिक बल देते हैं। इस धरती पर सभी पशु और मनुष्य बराबर हैं। पशुओं की कुरबानी के मामले में भारतीय मुसलमानों को कुरान की महत्त्वपूर्ण आयत याद रखनी चाहिए, "यह मांस या खून, जो कि ईश्वर को स्वीकार्य नहीं है, बल्कि उसे तुम्हारी धर्मनिष्ठा स्वीकार्य है।" (सूरा xxii, 37) इसलाम में क्षमाशीलता और संघर्षविहीनता कम देखने को मिलती है। इस संदर्भ में यह भी लिखा मिलता है, बुराई को अच्छाई से दूर करो। जन्नत के बारे में मुहम्मद का कहना है, यह उनके लिए है, जो संपन्नता या विपन्नता दोनों ही स्थितियों में दान देते हैं तथा गुस्से पर नियंत्रण करते हैं और लोगों को माफ करते हैं। (सूरा xL11, 7) भोजन, तलाक आदि के संबंध में छोटी बातों का इसलाम से सीधा संबंध नहीं है। हालाँकि मुहम्मद ने अपने समय के अनुसार बहुत से निषेध भी बताए हैं तथा इनके बारे में कोई अति पवित्र जैसी बात भी नहीं है। माननीय श्री अमीर अली के अनुसार, "मुहम्मद के बताए बहुत से नियमों के संदर्भ में यह भी याद रखना चाहिए कि वह उस समय के लोगों और अस्थायी परिस्थितियों को ध्यान में रखकर बनाए गए थे, जो कि उन परिस्थितियों के जाने के बाद स्वत: ही गुम हो गए। इसलिए यह मानना कि प्रत्येक इसलामी समझ आवश्यक रूप से अपरिवर्तनीय है, मानवीय बुद्धिमत्ता के विकास और इतिहास के साथ अन्याय है।" पैगंबर ने अंधविश्वास के लिए मानव तर्कों की पराधीनता

की मनाही की है। ऐसा धर्म, जो कि मानवीय समझ को सीमित करता है, उसे अमानवीय व्यवहार के लिए सहयोग नहीं दिया जा सकता है। अब यह भारतीय मुसलिम नेताओं को तय करना है कि यहाँ के मुसलमानों के लिए व्यवहार में वह कौन सी चीज आवश्यक है, जो कि उन्हें आपसी प्रेम और भाईचारे के साथ रहने में सहायक हो।

जो लोग कुरान की निषेधाज्ञा को नहीं नकारते हैं, उनका फैसले का दिन एक भयानक दिन होगा, जबकि जो लोग उसे स्वीकार करते हैं, वह ईश्वर के पास अपने स्रोत एवं सहयोग के लिए वापस लौट जाएँगे। मुहम्मद साहब का उत्थान सीमित और असीमित के मेल का प्रतीक है। सूफीवाद मानव के परम विकास को ईश्वर के साथ उसके एकीकरण को मानता है, क्योंकि वह ईश्वर को ईश्वरतुल्य समझता है। इस संदर्भ में जलालुद्दीन रूमी मानव में ईश्वर की तरफ प्रेरित होने को निम्न रूप में कहते हैं—

'अजैव से हम वनस्पति बने,
वनस्पति से समाप्त होकर पशु तक पहुँचे,
और पशु से हम मानव बने,
तब मृत्यु से हमें नीचे जाने का क्या भय ?
अगला परिवर्तन हमें फरिश्ता बनाएगा,
फिर हम फरिश्ते से उस अनंत में शामिल हो जाएँगे,
यह संपूर्ण अस्तित्व बताता है,
हम सभी उसी असीम के पास वापस लौटेंगे।'

ईश्वर से मिलना जीवन का अंत है। सूफी अल-हजबीरी कहते हैं, "जब मानव का विलोप होता है, तब वह पूर्ण तत्त्व को प्राप्त होता है। वह न तो पास होता है, वह न तो परिचित है और न ही अपरिचित, वह न तो सभ्य होता है और न ही असभ्य, वह न तो अलग है और न ही शामिल; उसका न तो नाम, न प्रतीक और न ही चिह्न होता है।"

सूफी मत ईश्वर में समाहित होने की बात कहता है तथा कुरान हमें जीवन के बहुत से चित्र दिखाता है, जिसका विवरण वास्तविक और ऐंद्रिय भी है। जिनकी शाब्दिक व्याख्या नहीं होनी चाहिए। ''तुम्हारी रूह को अल्लाह के पास आराम मिलता है, उसे खुश रखो और मेरे सेवकों के साथ मेरे आनंद के बाग में प्रवेश करो।'' यह दोनों दृष्टिकोण पूरी तरह वेदांतों की व्याख्या है। जब तक पूर्णता नहीं प्राप्त हो जाती, व्यक्तित्व का विकास थम नहीं सकता और भविष्य चरित्र के विकास को अवसर प्रदान करता है। हमारा भविष्य हमारे वर्तमान जीवन पर निर्भर रहता है। स्वर्ग या नर्क हमारे अपने कर्मों के परिणाम हैं। यह भी कहा गया है कि ईश्वर की रहस्यमयी इच्छा ही सभी चीजों को निर्देशित करती है। इसलाम के बाद के इतिहास से पता चलता है कि दैवीय प्रभुसत्ता में समाधान की समस्या में मानव की जिम्मेदारी अधिक मायने रखती है। कुरान से पता चलता है कि ईश्वर के व्यवहार में उसकी मनमरजी चलती है। वह सर्वशक्तिमान है और अपनी इच्छानुसार क्षमा और दंड देता है। वस्तुतः ईश्वर किसी को भी भटकने के लिए प्रेरित कर देता है और जो लोग पश्चात्ताप करते हैं, उन्हें वह रास्ता भी दिखाएगा। कुरान में ऐसी और भी आयतें हैं, जो कि मानव की जिम्मेदारी पर जोर देती हैं। ''कोई भी अपने सिवा और किसी के लिए प्रयास नहीं करता है और दूसरों का बोझ भी नहीं उठाएगा। जो भी पाप करेगा, वह स्वयं ही उसका जिम्मेदार होगा। जो भी पथभ्रष्ट होगा, उसे ही अपने भटकने की पूरी जिम्मेदारी उठानी पड़ेगी।'' सर अहमद हुसैन के अनुसार, भाग्यवाद इसलाम का हिस्सा नहीं है। पैगंबर ने बहुत ही स्पष्ट रूप से बताया है कि हमें सर्वप्रथम अपनी सामर्थ्य का इस्तेमाल करना चाहिए और फिर ईश्वर के सहारे छोड़ देना चाहिए। हम हमेशा पहला भाग ही छोड़ देते हैं और अपने आलस्य के लिए दूसरा भाग अपना लेते हैं। व्यक्ति भाग्य

का खिलौना नहीं है, उसे सही या गलत चुनने की स्वतंत्रता है। ईश्वर हमें अच्छा या बुरा काम करने के लिए बाध्य नहीं करता है, बल्कि सच्चाई का मार्ग दिखलाता है और इसे न करने पर सजा के माध्यम से हमें इसे पहचानने में सहायता करता है। खलीफा अली कहते हैं, "हे अल्लाह के सेवको, तुम्हें जो भी काम सौंपा गया है, उसे पूरा करो और नेक काम ही तुम्हें मौत के आसान दरवाजे तक ले जाएँगे। याद रखो, तुम्हारा हर पाप तुम्हारे कर्ज को बढ़ाएगा और तुम्हारी जंजीर को भारी बनाएगा। माफी का संदेश आ चुका है; सत्य का मार्ग स्पष्ट है; तुम्हें जो आदेश मिला है, उसका पालन करो। पवित्रता के साथ रहो, धर्मपरायण रहो और अपनी हर कोशिश में ईश्वर की सहायता तथा अपने पिछले पापों की उससे माफी माँगो। ईश्वर के आदेश सिर्फ आध्यात्मिक जगत् के नियम हैं। ईश्वर उन्हीं की सहायता करता है, जो उसकी सहायता चाहते हैं और उन पश्चात्ताप करनेवालों पर अपनी कृपा करता है, जो अपनी आत्मा को पवित्र करना चाहते हैं।

इसलाम एक ऐसा धर्म है, जिसमें रहस्य नहीं है। इसकी सरलता ही इसकी ताकत और इसकी सुंदरता है। इसमें किसी तरह की धार्मिक दुर्बोधता, अलौकिक विरोधाभास या तात्त्विक आडंबर नहीं है। यह ऐसा वास्तविक धर्म है, जिसमें एक केंद्रीय सिद्धांत है, जहाँ ईश्वर प्रोत्साहित तथा शासन करता है और सभी चीजों को पूर्णता प्रदान करता है। इसका शांत उच्च सिद्धांत सरल मस्तिष्क वालों को अनुकूल लगता है। संस्थागत रूप से यह पूर्ण तार्किक है। इसमें कोई जाति या पुजारी नहीं है तथा किसी तरह के बलिदान या परंपरा की जरूरत नहीं है, जो कि एकेश्वरवाद से लोगों को भ्रमित करे। तीर्थ के रूप में मक्का और काबा में मकबरा ही बाहरी सहायक है, जो कि मुहम्मद के द्वारा बताए बहुत व्यावहारिक दृष्टिकोण रखते हैं। नमाज के दौरान मुसलमान अपना चेहरा मक्का की

तरफ करते हैं, जो कि एक महत्त्वपूर्ण केंद्र है, जहाँ मुहम्मद ने पहले-पहल अपने धर्म सिद्धांत की घोषणा की थी। मक्का की तरफ ध्यान मुसलमानों को उनके प्रति विश्वसनीयता का एहसास दिलाता है तथा यह उनमें उम्मीद, आदर और समान आदर्शों के लिए पूजा का भाव उत्पन्न करता है। लोकतंत्र इसलाम का प्रमुख तत्त्व है और यही इस धर्म को धार्मिक सफलता दिलाने में सहायक है। यह सभी मानवों को, चाहे वे किसी भी जाति-धर्म के हों, अपनी तरफ आकर्षित करता है तथा यह सभी में ईश्वर का सेवक बनने की क्षमता को पहचानने से अवगत कराता है।

'प्रत्येक मानव में छिपा है ईसा,
उसकी मदद हो या हो रुकावट, उसे पहुँचे पीड़ा या राहत
यदि मानव की आत्मा से तुम परदा हटाओगे
तुम वहाँ ईसा को अवश्य पाओगे।'

मुसलमान तत्त्वम् असि के सिद्धांत का बिना भय से पालन करते हैं। वे अपनी मसजिदों में किसी भी स्थिति में आदमी और आदमी में फर्क नहीं करते हैं। किंतु यही स्थिति हिंदू मंदिरों या ईसाई गिरजाघरों में देखने को नहीं मिलती, जबकि जुबान से वह यही कहते हैं कि ईश्वर की नजरों में सभी बराबर हैं। इसलाम का दैवीय पितृत्व और मानवीय भाईचारे का यह सरल मत पृथ्वी के अंधकारमय स्थानों के क्रूरतापूर्ण जीवन से लोगों को बाहर निकालने में सक्षम है तथा यह उन्हें बेहतर जीवन जीने के लिए प्रशिक्षित भी करता है। इसने पिछड़ी नस्लों को बहुदेववाद की भूल-भुलैया से बचाया और उन्हें शैतान की पूजा, भाग्यवाद, नरबलि, शिशुहत्या व जादू-टोने से भी छुटकारा दिलाया। यदि यह अपनी निष्ठुरता और विषाक्त विकास से स्वयं को अलग कर ले तथा अपने दोनों मूल सिद्धांतों को महसूस करे, तब इसका एक उन्नत भविष्य होगा।

हिंदूवाद को इसलाम के साथ हुए अपने अनुभवों से विशेष लाभ

प्राप्त नहीं हुआ। यह भी सच है कि चैतन्य, कबीर और नानक जैसे महापुरुषों के द्वारा चलाया गया समाज सुधार आंदोलन इसलाम से बहुत प्रभावित था। भारत में इसलाम के विस्तार के बाद हिंदू धर्म में एकात्मक धर्मवाद पर बहुत जोर दिया गया। हालाँकि हिंदूवाद ने काफी कुछ सीखा। अन्य धर्मों के प्रति अनदेखी अन्याय और त्रुटि को जन्म देने वाली माँ के समान है। बहुत से असांस्कृतिक मुसलमानों ने इसलाम के आदर्शों की तरफ हिंदुओं की आँखें बंद कर दी थीं, जबकि इसलाम से बहुत कुछ सहानुभूतिपूर्ण दृष्टिकोण हिंदू धर्म सीख सकता है और इसी प्रकार इसलाम के लिए भी हिंदू धर्म में से बहुत कुछ सीखने के लिए है। साथ-ही-साथ हिंदू धर्म को थोड़ा समझौतावादी होना होगा तथा ईश्वर के अपने त्रुटिपूर्ण बोध के लिए दोषारोपण के मामले में समानुभूतिपूर्ण रवैया अपनाना होगा। हिंदुओं को विश्वास है कि सत्य धीमे-धीमे अपना कार्य करेगा और निम्न स्तरीय बोध स्वत: ही समाप्त हो जाएँगे। जिस प्रकार अंधकार सूर्य की किरणों के सामने दूर हो जाता है, हिंदूवाद भी पवित्र विचार रखता है। जो लोग ईश्वर के प्रति उन्नत विचारों की समझ रखते हैं, वह भी बर्बरतापूर्ण व्यवहार में लिप्त देखे गए हैं। जो लोग अहिंसा की बातें करते हैं, वह भी पशु बलिदान को प्रोत्साहित करते पाए गए हैं। हिंदूवाद को अपनी सह्यशक्ति त्यागने की जरूरत नहीं है, बल्कि इसे इसपर ध्यान देना चाहिए कि इसका न्याय बना रहे तथा प्रगति की निरंतरता बनी रहे। हमें अपने संस्थानों में लोकतांत्रिक व्यवस्था बनानी चाहिए, ताकि यह धार्मिक वाद-विवाद, दमनकारी संस्थानों से बच सके, जिसके तले मानव पिसा जाता है। इसलाम और हिंदू धर्म दोनों ही यह शिक्षा देते हैं कि सच्चा धर्म ईश्वर की सच्चाई और निर्मलता से सेवा करना और जीवन के संबंध में उसके नियमों का पालन करना है।

□

हिंदू विचार और ईसाई धर्म सिद्धांत

ऑक्सफोर्ड सम्मेलन में हिंदूवाद पर अपने पत्र को प्रस्तुत करते हुए मि. ग्रीट्स ने कहा, "हिंदू अकसर अपने धर्म को आगे बढ़ाते हैं, जबकि बहुत कम ईसाई अपने धर्म का पालन करते हैं, जो कि उन्हें करना चाहिए।" वैसे यह कहना काफी शालीन है, पर जहाँ तक हिंदू व्यवहार का संबंध है—हिंदू विचार इससे असहमत नजर आता है। हम जो कुछ भी नहीं समझते हैं, उसे भी दोष देने के लिए तैयार रहते हैं तथा कुछ लोग हिंदू धर्म की जीवंतता को समझे बिना ही इसपर फैसले देते रहते हैं। जिस महान् चीज के लिए व्यक्ति जीता या मरता था या अभी भी जी रहा है या मर रहा है, वह बिना भावना के नहीं पाई जा सकती है तथा इसे ही हम धार्मिकता कहते हैं। यदि इसी भावना के साथ अन्य धर्मों को देखें, तब हम मौलिक रूप से एक ही चीज सभी धर्मों में पाएँगे कि ईश्वर का मानव के साथ संबंध है तथा उसका ईश्वर के साथ मेल भी संभव है, जो कि उनमें मौजूद भी है। दुनिया के वर्तमान धर्मों के बीच का अंतर उनकी सामाजिक और ऐतिहासिक स्थिति से पता चलता है तथा ईसाई विचारक उनकी आलोचना, आदर्शवादी दर्शन, धार्मिक चेतना की मन:स्थिति और गहन रहस्यमयी अनुभवों के उपरांत यह मानते हैं कि ईसायत हिंदू धर्म के काफी पास है और यह अन्य धर्मों

के बीच की खाई को पाटती है। इस पत्र में मेरा यह कहने का प्रयास है कि एकमात्र लेख में इस विषय की व्यवस्थित चर्चा संभव नहीं है कि हिंदू विश्वासों के कुछ मौलिक तत्त्व ईसायत के साथ अपनी निकटता दरशाते हैं। हिंदू धर्म के मौलिक तत्त्वों से मेरा आशय उन साझा विचारों से है, जो कि ईश्वर, मानव और भविष्य की समस्याओं के संबंध में हिंदू धर्म के कई रूपों को स्पष्ट करते हैं।

एक

हिंदू दृष्टिकोण के अनुसार ईश्वर का रहस्य मानव मस्तिष्क से नहीं समझा जा सकता है। बहुत से धर्मग्रंथों ने ईश्वर की प्रकृति को मानव मस्तिष्क से समझ पाने में उसकी अपर्याप्तता पर बल दिया है। सर्वशक्तिमान के बहुत से पहलू और विशेषताएँ हैं, जिनका हम मानवों को ज्ञान नहीं है। हालाँकि हिंदू इस नकारात्मक दृष्टिकोण को नहीं मानते हैं, वह ईश्वर की प्रकृति को एक व्यक्तिगत अस्तित्व यानी पुरुष के रूप में लेते हैं, जिसमें विचार, प्रेम और शक्ति के गुण भी होते हैं। उनके अनुसार ईश्वर का व्यक्तित्व एक मुखौटा है तथा इसका प्रकटन इस रूप में उत्कृष्ट है। ईश्वर का व्यक्तित्व सीमित नहीं है तथा हम मानवों से अलग भी नहीं है।

चूँकि ईश्वर में बुद्धिमत्ता, प्रेम और नेकी समाहित है, इसलिए संसार में उसकी सक्रियता निर्माण, उद्धार और न्याय है। ब्रह्मा का संबंध निर्माण, विष्णु का प्रेम और शिव, जो कि सर्वव्यापी शक्ति, पूर्णता और न्याय के देवता हैं। ब्रह्मांड की व्यवस्था ईश्वर के मस्तिष्क को दरशाती है। ईश्वर के शाश्वत विचारों का परिवर्तन अंतरिक्ष और काल में निरंतर होता है। सभी चीजें अपनी अपूर्णता से मुक्त होने के लिए निरंतर संघर्ष करती रहती हैं, ताकि वे अपने आदि रूप को पा सकें और यही ईश्वर

का उद्देश्य भी है। ब्रह्मा का बोध ईश्वर की असीम स्थिति और कभी न खत्म होनेवाली क्रियाशीलता से है। ईश्वर की रचना का उद्देश्य उसके दैवीय मूल और नियति की अभिव्यक्ति है। ईश्वर की सभी रचनाओं में से केवल मनुष्य ही उसके मूल और सत्य को पूरी तरह से अभिव्यक्त कर सकता है। ईश्वर ने जब मनुष्य को बनाया, तब उसे वह आदर्श दिए, जिनका चयन उसे करना चाहिए तथा अपनी नियति को प्राप्त करने के लिए वह नियम दिए, जिनका पालन उसे करना चाहिए। भगवद्गीता को त्याग के नियम के साथ बनाया है। नियम से आशय है कि हम इसके माध्यम से ईश्वर के आदर्शों को महसूस करके उसकी इच्छानुसार अपना विकास कर सकते हैं। किंतु हम अपने मूलस्थान, ईश्वर की योजना, त्याग के नियम को भूलकर स्वार्थपूर्ण कर्म में लिप्त रहते हैं। इस स्थिति में ईश्वर की उद्धार शक्ति की आवश्यकता पड़ती है। महान् ब्रह्मा के साथ प्रेम रूपी विष्णु भी हैं। उनका प्रेम और उनकी भव्यता हमारे चारों तरफ रहती है, जो कि अंतरिक्ष काल, लौकिक संसार, जैविक जीवन और मानव इतिहास में प्रकट होता है। विष्णु जो कि सर्वव्यापी है और प्रत्येक मानव को पाप और मूर्खता के खिलाफ संघर्ष करने में सहायता करते हैं। वह हमारे अस्तित्व के केंद्र में रहते हुए आंतरिक प्रकाश प्रदान करते हैं, जो कि किसी भी बुराई से पवित्र, पलायन से वास्तविक और प्रेममय है। वह उद्धार करनेवाले ईश्वर हैं और इस बात की सुनिश्चितता देते हैं कि यह संसार बेहतर की तरफ बढ़ रहा है, किंतु वह हमारी इच्छा के खिलाफ व्यवहार नहीं करते हैं। उनकी उद्धार करनेवाली क्रियाशीलता ब्रह्मा द्वारा रचित व्यवस्था के अनुकूल व्यवहार करती है। ईश्वर अपने स्वयं के बनाए रचना के नियमों की अलोचना नहीं करता है। हालाँकि विष्णु हमेशा हमारी सहायता करने के लिए तैयार रहते हैं, परंतु हमारा पाप और मूर्खता उसकी कृपा के रास्ते में अवरोध उत्पन्न करती है। यद्यपि

हम पाप करते हैं और अपने भीतर मौजूद ईश्वर को धोखा देते हैं, फिर भी जब हम ईश्वर की शरण में जाते हैं, तब वह हमारी सहायता करता है। यहाँ तक कि बहुत दुष्ट भी जब पूर्णभक्ति के साथ मेरी उपासना करता है, तब उसे एक बेहतर व्यक्ति समझना चाहिए; क्योंकि उसमें न्यायोचित सुधार हुआ है तथा शीघ्र ही वह नेक बन जाएगा और परम शांति को प्राप्त होगा। गीता में कृष्ण कहते हैं कि मेरा भक्त कभी नष्ट नहीं होगा। इस प्रकार बुरे-से-बुरे पापी के लिए भी संभावना रहती है। ईश्वर केवल सत्य और प्रेम ही नहीं है, बल्कि वह न्याय करनेवाला भी है। वह पूर्णता और शक्ति की प्रतिमूर्ति है तथा बुराई और अच्छाई के बीच फैसला करनेवाला है, इसलिए भगवान् कृष्ण कर्माध्यक्ष भी हैं।

ब्रह्मा, विष्णु और शिव तीन अलग-अलग व्यक्ति नहीं हैं, बल्कि एक ही ईश्वर के तीन पहलू हैं। ब्रह्मा कुछ खास क्षमताओं के साथ हमारी रचना करते हैं तथा विष्णु अवरोधों पर विजय प्राप्त करके हमें उन क्षमताओं तक पहुँचने में सहायता करते हैं और शिव नेकी के लिए विजयी आत्मसंयम को दरशाते हैं। तैत्तिरीय उपनिषद् के अनुसार, चीजें जिस भी स्रोत से उत्पन्न होती हैं तथा जिनसे उनमें स्थायित्व आता है और फिर जहाँ वे प्रवेश कर जाती हैं, वह एक ही है। ईश्वर ही सत्य, मार्ग और जीवन है। रचनात्मक विकास के मूल पहलू रचना, उद्धार और न्याय हैं।

हम सर्वशक्तिमान को दैवीय आत्म-चेतना के रूप में महत्त्व देते हैं, जो कि रचना, उद्धार और न्याय के रूप में कार्य करता है एवं जिसका आशय मौलिक रूप से ईश्वर से ही है। उपनिषदों, भगवद्गीता और वैदिक धर्म-सिद्धांतों के अनुसार यह संसार ईश्वर का शरीर है। हिंदू विचार को सभी चीजों में ईश्वर की विद्यमानता से भय नहीं होता है। उसे दूर अपनी किसी दुनिया में बैठे ईश्वर पर यकीन नहीं है। कृष्ण ने गीता में कहा है, ''संसार की सुंदरता, इसका सत्य, इसकी भलाई कई रूपों

में ईश्वर की अभिव्यक्ति है तथा इसकी भव्य प्रकृति आवरण में है, यह संसार इसकी अभिव्यक्ति तथा विचार इसका मूर्तरूप है। हालाँकि यह सर्वेश्वरवाद नहीं है। आदर्श और वास्तविकता के बीच अंतर स्पष्ट है। हिंदू धर्म मानव में आत्म उत्कर्ष पर बल देता है। इसका अर्थ यही है कि मनुष्य जिस अनुभव के लिए संघर्ष कर रहा है, वह वाकई वास्तविकता से परे है। मोक्ष की आवश्यकता यह बताती है कि कुछ ऐसे भी तत्त्व हैं, जिनसे हमें छुटकारा पाना है। यदि सबकुछ ईश्वर के ही समान है, तब किसी तरह के मोक्ष या न्याय की जरूरत ही नहीं है। ईश्वर केवल प्रकृति में ही नहीं है, बल्कि इसका जीवन इससे परे है, यह निर्माणकर्ता है। हिंदू धर्म हीगलवाद की संसार की प्रक्रिया के साथ जीवन की पूर्णता का समर्थन नहीं करता है। यह संसार ईश्वर में समाहित है, परंतु जब संसार समाप्त होता है, तब भी ईश्वर समाप्त नहीं होता है। ईश्वर संसार से स्वतंत्र और ऊपर है। उसकी आत्मा संसार में विचरण करती है और इसे संचालित करती है, मगर फिर भी यह इससे परे है।

नदी अपने स्रोत पर अधिक शुद्ध रहती है और यही स्थिति ईसाई धर्म के साथ भी है। जब हम पीछे मुड़कर ईसा की कही बातों पर ध्यान देते हैं, तब हमें ईसाई धर्म के मौलिक सिद्धांतों का स्पष्ट विचार मिलता है। ओल्ड टेस्टामेंट में यहोवा को देवता कहा गया है। हालाँकि कुछ पैगंबर जैसे होजा और ईसा ने उन्हें ईश्वर का दर्जा दिया है तथा वह अपने प्रांतीय दृष्टिकोण से स्वयं को मुक्त नहीं कर सके। यहाँ तक कि उनके लिए यहूदी भी ईश्वर की चुनी हुई नस्ल थी तथा गैर-ईसाई राष्ट्रों ने भी इसे माना और उपासना के लिए जिआन आते हैं। ईसा भी ईश्वर को सभी विशेषताओं से विशुद्ध मानते हैं। वह ईश्वर को स्वयं की ही तरह समझने में रुचि नहीं रखते थे, परंतु उन्होंने ईश्वर की प्रकृति का संबंध मानव और संसार से अवश्य बताया था। ईसा ने बुद्धिमानी, प्रेम और शक्ति

तीन पहलुओं का संदर्भ दिया, पर स्थितियों ने उन्हें ईश्वर के प्रेम पर ही बल देने के लिए प्रेरित किया था। यहाँ तक कि यहूदी पैगंबरों के एक वर्ग ने ईश्वर के न्याय और उनके क्रोध को बढ़ा-चढ़ाकर प्रस्तुत किया था। इसहाक कहते हैं, "ईश्वर की नाराजगी और भव्यता से पहले लोग पहाड़ों की गुफाओं और जमीन की सुरंग में चले जाएँगे और फिर वह अपनी ताकत से जमीन को हिला देगा।" ईसा ने ईश्वर को पिता और हमें उसके बेटे के रूप में उसका स्नेह पाते हुए बताया है तथा ईश्वर को उत्कृष्ट प्रेम के रूप में व्यक्त किया है। वह हमारा उद्धारक है, पर ईसा ने अन्य पहलुओं की अनदेखी नहीं की है। संसार की व्यवस्था से ईश्वर की बुद्धिमत्ता व्यक्त होती है। सूरज और वर्षा सभी पर बिना पक्षपात किए ही अपनी कृपा करते हैं। ईसा को विशेष दैवीय विधान स्वीकार नहीं था। वह उस अहं का विरोध करते हैं, जिसमें ब्रह्मांड के स्वाभाविक नियम का अवरोध होता है, जिसके अनुसार बुरे काम करनेवालों को दंड या विशेष योग्यता वाले लोगों को विशेष पुरस्कार मिलता है। वह पत्थर को रोटी बनानेवाले लोभ के आगे समर्पण से इनकार करते हैं। उनके द्वारा ठीक किए गए शारीरिक कष्ट नियम के अनुसार ही थे तथा जहाँ विश्वास का अभाव था, वहाँ वह इन्हें नहीं ठीक कर सके। ईश्वर एक अपरिवर्तनीय सत्य है और उसका ब्रह्मांड अराजक नहीं हो सकता है। ईश्वर न्याय करनेवाला भी है। ईश्वर का न्याय बाइबिल का प्रभावशाली वाक्य है। आदम और ईव को दिए दंड और केन को दंडादेश पर सेंट जॉन्स के अनुसार, हम ईश्वर की प्रभुसत्ता और न्याय पर बल देते हैं। न्याय या फैसले के दिन ईश्वर के उद्‌देश्य की ही विजय होगी। ईसाई चर्च में हिब्रू पैगंबर ईश्वर की भव्यता या अपराध भाव से अधिक ईश्वर के क्रोध और उसके न्याय के भय पर अधिक जोर देते हैं।

जब ईसा के अनुयायी उन्हें भगवान् का दर्जा देते हैं, तब ब्रह्मा, विष्णु

और शिव के तीनों पहलू असीमता, भव्यता और प्रभुसत्ता यानी बुद्धिमत्ता, प्रेम और शक्ति उन्हें सौंप देते हैं। वह प्रतीक या ईश्वर के शब्द हैं, जो कि अब्राहम के पहले थे। वह उद्धारकर्ता हैं। जिन्होंने अपने हृदय के प्रेम को क्रॉस पर व्यक्त किया था। वह न्यायकर्ता हैं और उन्होंने उन सभी को दंड दिया था, जिन्होंने उन्हें नाराज किया था। त्रिदेव के मत ने न केवल ईसा में ही तीनों भगवान् को समाहित किया, बल्कि ओल्ड टेस्टामेंट में अपनाए गए ईश्वर के एक पक्षीय दृष्टिकोण में भी सुधार किया। ईश्वर केवल उच्च स्थान पर आसीन एक असीम सत्ता ही नहीं है, बल्कि प्रेममय हृदय तथा संसार की प्रक्रिया का प्रमुख सिद्धांत भी है। एलबर्ट, एक्विनस और ओल्ड यहोवा के अनुसार पिता-पुत्र और पवित्र भावना, वेदांतिक सूत्र को ही दरशाते हैं। यहाँ एक चीज बहुत स्पष्ट है, त्रिदेव का सिद्धांत ईश्वर के तीनों आयामों को दरशाने का प्रयास है। आधुनिक ईसाई धर्ममत महसूस करता है कि तीनों आयामों में ईश्वर समाहित है और इसका संबंध अलग-अलग चेतना से न होकर उसकी क्रियाशीलता से ही है। ऐसा भी कहा गया है कि हिंदू दृष्टिकोण ईश्वर के न्याय का अतिवाद है, जबकि ईसाई धर्म ईश्वर के प्रेम पर अधिक जोर देता है। यह केवल न्यायमात्र ही नहीं है। इन दोनों ही दृष्टिकोण में बहुत अंतर नहीं है। विष्णु या प्रेम के ईश्वर हमारी सहायता करने के लिए तैयार हैं, पर वह हमारे प्रयास का इंतजार करते हैं। वह सिर्फ हमारी इच्छा होने पर ही सहायता नहीं करते हैं। यहाँ तक कि जब तक हमें पश्चात्ताप न हो, वह हमें पाप करने से भी नहीं रोकते हैं। ईश्वर हमारे लिए सबकुछ करेगा, पर यदि हम पाप और स्वार्थपूर्ण जीवन में लिप्त रहेंगे, तब न्याय भी अपना कार्य करेगा। ईश्वर हमें क्षमा करना चाहता है, परंतु पापों की कोई माफी नहीं है। यहाँ तक कि ईश्वर का प्रेम भी एक पद्धति के अनुसार कार्य करता है। हम यह नहीं कह सकते हैं कि उसकी शक्ति की एक सीमा है। उसका सर्वशक्तिमान

होना अतर्कयुक्त नहीं है। ईसा मानते हैं कि आध्यात्मिक संसार के नियम हैं। पेड़ों, चोर, छिपे खजाने, मोती, खोई हुई भेड़ें, बुद्धिमत्ता, दस कुँआरियों और शादी के परिधान की बहुत सी नीति कथाएँ हैं और इन सभी में नियम लागू होता है तथा हम अपने कर्मों के द्वारा ही बनाए जाएँगे। पाँच बेवकूफ कुँआरियाँ अवसर उठाने से चूक गईं और इसी लिए उनका अंत भी बुरा हुआ। यदि हम क्षमा की आशा करते हैं, तब हमें क्षमा करना चाहिए। अपना जीवन बचाने के लिए हमें इसे खोना ही पड़ेगा। आध्यात्मिक संसार का यह एक ऐसा अटल नियम है कि जिसे ईश्वर का प्रेम मिटा नहीं सकता है। मोक्ष अर्जित किया जाना चाहिए, ईश्वर इसे हम पर थोप नहीं सकता है। यह भी माना जाता है कि ईश्वर की माफी से पहले दैवीय न्याय संतुष्ट होना चाहिए।

पश्चिमी ईसायत बहुत से प्रभावों का एक उत्पाद है। इसकी यहूदी विरासत का ग्रीक के साथ विरोध है और यह ईश्वर के अति महान् बोध का समर्थन करती है। यहूदी के साथ-साथ अरब के लोगों की भी प्रकृति रूखी मालूम पड़ती थी तथा हिंदू और ग्रीक इस मामले में अधिक जीवंत थे और यह पवित्र व सांसारिक, स्वाभाविक और अलौकिक, आत्मा व शरीर के अंतर को बढ़ा-चढ़ाकर प्रस्तुत नहीं करते थे। इनका सामान्य बोध प्रकृति की एकात्मकता तथा विज्ञान की भावना की पुष्टि करता था। सर्वशक्तिमान सर्वव्यापी का नियम इसे न माननेवालों से दूरी बनाए रखता है। अलौकिकता इसके केंद्र में है। अरस्तू के अनुसार, "आत्मा पदार्थ का रूप है।" धार्मिक चेतना की मनोवैज्ञानिक पड़ताल और इसका विकास हमें ईश्वर में सामान्य स्थिति देखने को प्रेरित करती है। जिस प्रकार व्यक्ति बाह्य संसार में व्यवहार करता है, वही उसका ईश्वरीय दृष्टिकोण भी रहता है। यह बिल्कुल वैसा है, जैसा बरतन बनानेवाला मिट्टी के साथ करता है। तकरीबन ऐसा ही ईसा से लेकर ईसायत का

इतिहास रहा है। यहाँ तक कि उनके धार्मिक वातावरण ने भी उनके लिए अवरोध उत्पन्न किया। पाल, अगस्टीन, लूथर, कैल्विन आदि ने भी इस समझ को धीमे-धीमे स्वीकार किया था। सर्वव्यापी दैवीय बोध को पूरी तरह से स्वीकार करने में धर्म सिद्धांतों में परिवर्तन भी हुए तथा बहुत सी पवित्र भावनाएँ, जो कि पुराने विचारों के साथ गुँथी हुई थी, उन्हें छोड़ना भी पड़ा। हम पारंपरिक अंधविश्वासी, चमत्कारों की वास्तविकता पर यकीन, चुने हुए लोग, मध्यस्थता, विचित्र रहस्योद्घाटन, विकास के बजाय भव्यता के द्वारा मोक्ष, मानकों की एक बड़ी संख्या के लिए मृत्यु पर निंदा होने पर भी हम सर्वव्यापी दैवीय स्थिति को स्वीकार नहीं कर सकते हैं। ईसाई धर्मशास्त्रियों ने सर्वव्यापी ईश्वर को कुछ अलग हटकर स्वीकार किया। हालाँकि ईसा का भी यहूदियों के द्वारा बहुत विरोध हुआ था। वह संसार में रहते हुए भी ईश्वर में विश्वास रखते थे। उनके अनुसार, ईश्वरीय सत्ता तुम्हारे भीतर ही है। हिंदुओं के साथ ईसा को भी विश्वास था कि संसार में परिवर्तन बाहर से ईश्वर के हस्तक्षेप से नहीं, बल्कि निरंतरता से दैवीय भावना के विकास से ही संभव है। हिंदुओं के लिए ईसा की मूल शिक्षा ईश्वर और व्यक्ति के बीच छद्म विपरीत स्थिति को लेकर है। ईसा एक ऐसे मानव के उदाहरण हैं, जो कि भगवान् बन गए तथा यह कोई नहीं बता सकता कि कहाँ से उनका मानव समाप्त होता है और देवत्व शुरू होता है। मानव और ईश्वर समान है। 'तत्वम् असि।'

दो

जीवन में सर्वशक्तिमान ईश्वर का सिद्धांत और इतिहास का एक विशेष युग के विलक्षण रहस्योद्घाटन के सिद्धांत से मेल नहीं है। हिंदू धर्म संपूर्ण आध्यात्मिक विकास में सर्वव्यापकता में ईश्वर की क्रियाशीलता का समर्थन करता है। हालाँकि ईश्वर की विद्यमानता के

अर्थ में इसके कुछ महत्त्वपूर्ण पहलुओं को अस्वीकार करता है। यद्यपि दैवीय स्थिति सर्वव्यापी है और पृथ्वी पर सभी चीजों को नियंत्रित करती है, फिर भी एक स्थिति आती है, जब उच्चस्तरीय आत्मा जन्म लेती है। जिसे हम अवतारों के नाम से जानते हैं। यह स्थिति तब आती है, जब नैतिकता की समस्या उत्पन्न होती है और तभी ईश्वर की उद्धारक सक्रियता अधिक स्पष्ट रूप से अभिव्यक्त होती है। नैतिकता के संतुलन के लिए ही किसी अवतार का जन्म होता है, जो कि सामान्य स्थिति से अधिक नेकी की प्रतिमूर्ति होता है। यह आत्माएँ निर्भीक रूप से ईश्वरीय कार्य करती हैं, जिससे साधारण मानव से उनमें अधिक अच्छाई व्यक्त होती है। आध्यात्मिक स्तर की यह अभिव्यक्ति या तो ईश्वर के रहस्योद्‌घाटन या फिर मानव की अनुभूति की क्षमता में भी व्यक्त होती है, परंतु यह दोनों ही स्थिति एक ही वास्तविकता के कई पहलू हैं। हम इसे ईश्वर की गहराई का प्रकटन या मानव संभावना के विकास का निर्णय भी कह सकते हैं। वास्तव में उनके पवित्र दृष्टिकोण ही उनके कर्म का उद्‌देश्य है। भारत का उन्नत विचार मानता है कि ईश्वर सर्वदा सक्रिय रहता है और प्रेम ही उसका सार है।

सभी व्यक्ति कुछ हद तक ईश्वर की प्रकृति के कारण ही पुनः जन्म लेते हैं। जिन्हें हम अवतार कहते हैं, उनमें सच्चाई, प्रेम और शक्ति साधारण से अधिक दर्जे की होती है। यही स्थिति राम, कृष्ण और बुद्ध की भी है। ईसा की स्थिति वही है, उन्होंने सूली पर कहा था, "हे परमपिता, उन लोगों को माफ कर देना, क्योंकि वे नहीं जानते हैं कि वे क्या कर रहे हैं।" यहाँ ईश्वरीय प्रेम की यह भावना अपने बच्चों के लिए ही थी। चूँकि उनका ईश्वर के साथ एक विशेष संबंध था और यह दूसरों के लिए संभव भी नहीं था, परंतु इसका कहीं प्रमाण नहीं मिलता है, पर मैंने इसे ईसाई धर्मवाक्यों से ही लिया है। पूर्व

ईसाई काल और ईसाई काल के पश्चात् भी कई कहानियाँ मिलती हैं, परंतु इस तरह के सवालों को वह महत्त्व नहीं देते हैं। ईसाई मान्यता और इसके पूर्व के सिद्धांत में ईश्वर और मनुष्य के बीच अतर्कयुक्त विरोध है और यही यहूदी द्वैत का संस्मरण भी है। ईसा का जीवन हमारे लिए कोई मायने नहीं रखता, यदि उनमें मानव तत्त्व न होता और इसी ने उन्हें पूर्णता भी प्रदान की थी। ईश्वर में पिता रूप का विश्वास ही हमें यह मानने के लिए बाध्य करता है कि जो ईसा के लिए संभव था, वह अन्य लोगों के लिए भी संभव है। ईश्वर के जो संसाधन उनके पास उपलब्ध थे, वे हमारे पास भी हैं और यदि हम उनकी ही तरह संघर्ष या प्रयास करें, तब हम भी स्वयं में ईश्वर की प्रकृति के साझेदार हैं तथा ईसा की ही भाँति ईश्वर का प्रेम हासिल कर सकते हैं। सबसे बड़ी चीज है कि ईसा बहुत से लोगों में पहले थे। ईसा में ईश्वर का अवतार दुनिया के अन्य संतों में मौजूद ईश्वर की ही भाँति था एवं उनके द्वारा प्रकट किया गया दैवीय संबंध ही हम सभी में है। यह एक धर्मपरायण भ्रमवाला विचार होगा कि ईसा के अलावा और किसी ने भी ईश्वर के साथ आध्यात्मिक एकात्मकता की चेतना को महसूस नहीं किया होगा। हिंदू धर्म के इतिहास में ऐसे बहुत से घटनाक्रम हैं, जहाँ व्यक्तियों ने ईश्वरीय एकात्मकता को पिता के रूप में अनुभव किया है तथा इन्होंने ईश्वरीय भव्यता को अपनी स्वयं की प्रकृति के अनुरूप देखा और इसका हमेशा-हमेशा के लिए आनंद प्राप्त किया। ईश्वर का जितना भी सामीप्य होगा, मानव और ईश्वर के बीच की प्रकृति उतनी ही महान् होगी। जो भी ईश्वर में रहता है, वह निरंतर रूप से कह सकता है कि 'मैं वही हूँ।'

उपनिषदों के ऋषियों के प्रमाण के बारे में ईसा और संसार के अन्य धार्मिक विद्वानों ने बताया है। सूफी संत अल हल्लाज के अनुसार, "मैं ही सत्य हूँ, मैं ही वह हूँ, जिसे मैं प्यार करता हूँ; वही जिसे मैं प्यार

करता हूँ, वह मैं हूँ। हम दो आत्माएँ हैं, जो कि एक ही शरीर में रहती हैं। जब तुम मुझे देखते हो, तुम उसे देखते हो और जब तुम उसे देखते हो तुम मुझे देखते हो।'' एकात्मकता की इस स्थिति में मानव आत्मा और ईश्वर में किसी तरह का विरोध नहीं रहता है।

ईसा के प्रति विश्वास और भक्ति रखते हुए हम कह सकते हैं कि ईसा में ईश्वर की पूरी अभिव्यक्ति है तथा उनके व्यक्तित्व तक कोई और नहीं पहुँच सका है। ईश्वर के प्रकाश को थोड़ा संकोच के साथ स्वीकार किया गया है तथा इसमें संदेह नहीं है कि कुछ संतों में यह प्रकाश स्पष्ट दिखा भी है, परंतु यह ईसा के रूप में कहीं नहीं दिखा। यह सच हो सकता है, परंतु यदि कन्फ्यूसियस व बुद्ध के अनुयायी इसी तरह का दावा करें, तब हम उनका न्यायोचित विरोध नहीं कर सकते हैं। यदि यह तर्क दिया जाए कि वृहत् स्तर पर आध्यात्मिक अनुभव ईसा के मध्यस्थतावाद और उनमें ईश्वर की पुष्टि करता है तथा मानवता का उद्धार करनेवाले अन्य लोगों के साथ ऐसा नहीं है, तब हिंदू धर्म मानता है कि प्रत्येक गुरु उद्धारक है और अपने शिष्यों में भी इसी के बीज विकसित करता है। जो भी व्यक्ति मानव की सीमित इच्छाओं का सामंजस्य ईश्वर की पूर्ण इच्छा के साथ होने में हमारी सहायता करता है, उसमें हमारा उद्धार करने की क्षमता होती है। कुछ पद्धतियों जैसे शैव-सिद्धांत में उस गुरु को ईश्वर का दर्जा मिलता है, जो कि अपनी भव्यता से व्यक्ति को ऊपर उठने में सहायता करता है। इसमें तर्क-वितर्क नहीं किया जा सकता है कि ईसा की मध्यस्थता के बिना स्वर्ग पहुँचना असंभव था। यह भी माना जा चुका है कि अब्राहम को यह ईसा के जन्म से पहले ही प्राप्त हो चुका था।

यह भी आसानी से स्वीकार नहीं किया जा सकता है कि सभी परिस्थितियों में पूर्ण मानवता के सभी आदर्श गुण ईसा में थे और उनकी अभिव्यक्ति अंतिम थी। पृथ्वी पर किसी तरह की अभिव्यक्ति का अंत

नहीं था। ईश्वर ने अंतिम वाक्य कभी नहीं कहा। हम जितना रख सकते हैं, उसके पास हमें बताने के लिए हमेशा ही अधिक होता है।

पश्चिम के ईसाई धर्मशास्त्री, जो कि ईसा की मानवता पर अधिक बल देते हैं, उनमें ईसा के ईश्वरत्व के प्रति अधिक विवेचनात्मक दृष्टिकोण बढ़ रहा है, यहाँ सर्वज्ञता और ब्रह्मांड की रचना की चेतना पर गंभीरता का अभाव है। दूसरी तरफ उनकी बुद्धिमत्ता और उन्हें मिली पीड़ा ने उन्हें पूर्णता प्रदान की तथा वे हमारी ही भाँति सभी चीजों में लालायित भी थे, जैसे कथनों पर ध्यान दिया गया। उनकी घोर पीड़ा ने उन्हें हमारा भाई बनाया, वह हमें चाहते थे और उन्होंने ईश्वर की मौजूदगी भी महसूस की थी तथा विनम्रतापूर्वक वह बोले, ''तुम मुझे अच्छा क्यों कहते हो? ईश्वर के अलावा और कोई भी अच्छा नहीं है, मेरे परमपिता मुझसे अधिक महान् हैं।'' उनके ईश्वरत्व के साक्ष्य के रूप में चमत्कार भी प्रस्तुत किए गए थे। बहुत से लोगों के लिए यह विज्ञान की विवेचना है और कुछ एक के लिए तो मनोचिकित्सा के द्वारा समझाया जा सकता है। ईसा ने स्वयं ही अपने ईश्वरत्व को साबित करने के लिए चमत्कारों का सहारा नहीं लिया। उन्होंने तो यह भी कहा कि इस तरह के काम अन्य लोग भी कर सकते हैं। ईसा का साक्ष्य, मनोवैज्ञानिक सत्य और ईश्वरीय संत की धार्मिकता थी।

तीन

मानव की रचना ईश्वर के हाथ से हुई है, इसलिए वह इससे विमुख नहीं है। इसमें संदेह नहीं है कि वह हमें कई रूपों में टुकड़े-टुकड़े में नजर आता है, परंतु यह उसकी वास्तविक प्रकृति नहीं है तथा यह स्वतंत्रता के दुरुपयोग का परिणाम है। हिब्रू कथानक के अनुसार—

मानव की पहली अवज्ञा और उस वर्जित पेड़ का फल;
जिसका नश्वर स्वाद ही संसार में
मृत्यु और हमारे सभी दुःख लाया।

हिंदू दृष्टिकोण के अनुसार दुःख और पीड़ा मानव के पाप और मूर्खता के परिणाम हैं, हालाँकि ईश्वर ने जब हमें स्वतंत्रता दी थी, तब इनकी अनुमति भी दे दी थी। ईश्वर हमारे साथ मिट्टी के बरतन बनानेवाले की तरह व्यवहार नहीं करता है, बल्कि हमारी नियति के लिए उसने हमें पूर्ण स्वतंत्रता दी है, मगर मनुष्य को ईश्वर और वास्तविकता के बजाय अपने त्रुटिपूर्ण आत्म से लगाव होता है और इसीलिए बुराई पनपती है। हालाँकि हमारा पाप उस अनश्वर भव्यता को नष्ट नहीं कर पाता है और यही हमारी विरासत है, परंतु यह उसके आगमन को स्थगित अवश्य कर देती है।

मानव के स्वाभाविक अभाव का धर्म सिद्धांत। मुझे भय है कि मैं बच नहीं सकता। हमारी प्रकृति ईश्वरीय है। इस संसार में जो भी मनुष्य आता है, ईश्वर का प्रकाश उसे प्रकाशित करता है। गोयथे के अनुसार—

यदि आँखें सूरज न होतीं,
तब इनके लिए कोई सूरज न चमकता,
यदि हृदय स्वयं ईश्वर न होता,
तब हृदय में ईश्वर की अनुभूति कैसे होती?

इस दृष्टिकोण के अनुसार, रूपांतरण किसी नई चीज का जन्म नहीं है। हालाँकि यह पूर्व जीवन की अचानक वापसी है तथा मोक्ष ईश्वर की कृपा से हममें क्रमशः दैवीय विकास की स्थिति है। उद्धार

की आधुनिक मनोवैज्ञानिक विवेचना से पता चलता है कि व्यक्ति के विकास में ईश्वर का व्यवहार बाहर से न होकर उसके भीतर से ही होता है। भव्यता और विकास एक ही प्रक्रिया के दो पहलू हैं, जिसमें पहले का संबंध आध्यात्मिक चमत्कार या संकट से है और दूसरा ईश्वर एवं मानव की निरंतरता से है।

व्यक्ति जब अपनी ईश्वरीय विरासत को महसूस करना चाहता है, तब उसे चेतन जीवन के तीन पहलुओं से होकर गुजरना पड़ता है। उपनिषद् काल में ईश्वर को शाश्वत सत्य का प्रकाश माना गया था तथा मानव से ईश्वर की प्रकृति को समझाने के लिए कहा गया था। भगवद्गीता के अनुसार, ईश्वर के प्रेम रूप को मोक्ष का प्रमुख साधन माना गया है। बौद्ध और शैव धर्म के समान प्राचीन हिब्रू धर्म भी ईश्वर को शाश्वत धर्मपरायण और तपस या पवित्र तथा आत्मबलिदान पर ही बल देता है। इस प्रकार ज्ञान, भक्ति या तप के माध्यम से जीवन में पूर्ण परिवर्तन आता है।

जब हम मन, हृदय और इच्छा के आंतरिक परिवर्तन से होकर गुजरते हैं, तब स्वयं को महत्त्व देना त्याग देते हैं और शाश्वत ईश्वर के साथ एकात्मकता बना लेते हैं तथा इसी को बचाकर रखना चाहिए। मोक्ष का रहस्य पंथ का परिवर्तन नहीं, बल्कि आंतरिक परिवर्तन है। ईश्वर का परिक्षेत्र मानव स्वभाव का दृष्टिकोण है। मोक्ष एक ऐसा परिवर्तन है, जो कि मानव के जीवन को ईश्वर से भर देता है। इस स्थिति की शब्दों में विवेचना नहीं की जा सकती है, इसका संबंध मानव के अनुभव से है। इसकी भव्यता को पूरी तरह से नहीं जान सकते हैं, यदि हम शाश्वत जीवन की प्रकृति को तर्क और काल की भाषा में व्यक्त करने पर जोर दें, तब हम कह सकते हैं कि यह आत्मा की इच्छा की ईश्वर के साथ पहचान है, जिसके संसार में निम्न स्तर पर आने की संभावना नहीं

होती है। शंकर भी ईश्वर के साथ व्यक्ति की एकात्मकता की विवेचना असंभव बताते हैं, परंतु तार्किक रूप से कहें तो यह ईश्वर के परिक्षेत्र में जीवन का विकास है। रामानुज के अनुसार इससे ऊपर कुछ भी नहीं है।

ईसा कहते हैं, ''मैं अपने ईश्वर के मंदिर में उसे स्तंभ का रूप दूँगा और वह बाहर नहीं जाएगा।'' यह भावना हिंदू दृष्टिकोण को व्यक्त करती है कि उद्धार की हुई आत्मा दुबारा संसार के संघर्ष में नहीं लौटती है। हिंदू और ईसाई धर्म दोनों ही स्वतंत्र आत्मा के तत्त्वों पर विश्वास करते हैं। बुद्धिमत्ता, प्रेम और आनंद मोक्ष के फल हैं। सुरक्षित आत्मा का नेकी में विश्वास होता है, वह धर्म सिद्धांतों या पंथ की हवा में नहीं भटकती है। उसमें सच्चा भाईचारा और प्रेम होता है। यह सिर्फ कष्ट-मुक्ति या शत्रुओं को क्षमा ही नहीं करती, बल्कि मानवता की सेवा भी करती है। कोई भी महान् धार्मिक नेता प्रेम के सिद्धांत की अनदेखी नहीं करता है तथा उपनिषदों के अनुसार अहिंसा उसके मूल में रहती है। बुद्ध कहते हैं कि जो तुमसे घृणा करे, उससे भी प्रेम करो। 'बुक्स ऑफ एक्सोडस' में हम पढ़ते हैं कि यदि तुम्हारे शत्रु का भी पशु भटकता मिले, तब भी तुम्हें उसे उसके पास पहुँचा देना चाहिए।'' जेनिसिस के चौवालीसवें अध्याय में प्रशंसा के विचार के बारे में बताया गया है, जिसमें उदार चरित के व्यक्ति की व्याख्या है। इसके एक दृश्य में जोसेफ अपने भाई को माफ कहते हैं। सूक्ति ग्रंथ का उद्धरण देते हुए पाल कहते हैं, यदि तुम्हारा दुश्मन भूखा है, तब उसे खाना खिलाओ; यदि वह प्यासा है, तब उसे पानी पिलाओ। सुरक्षित आत्मा के पास सिर्फ बुद्धिमत्ता ही नहीं, बल्कि आनंद भी होता है, जो कि व्यक्तियों की दया या परिस्थितियों पर निर्भर नहीं है। हिंदुओं के अनुसार यह शांति की स्थिति है। इस आनंद के बारे में ईसा कहते हैं, ''यह मेरा आनंद है, जो मैं तुम्हें देता हूँ और तुम्हारा आनंद कोई भी तुमसे नहीं ले सकता है।''

हिंदू धर्म और ईसाई धर्म में मोक्ष को लेकर गंभीर अंतर नहीं है, जबकि प्रायश्चित्त के धर्म-सिद्धांत के अनुसार ईसा हमें पाप की तरफ से वापस लौटने और ईश्वर की तरफ जाने में सहायता करते हैं। वैसे यह कार्य कुछ हद तक सभी संत करते हैं, परंतु मानव के पाप के प्रायश्चित्त के लिए ईसा के त्याग का महत्त्व नहीं है। ईसा हमारे उद्धारक हैं और वह अपने जीवन का प्रमाण ईश्वर के प्रेम के रूप में देते हैं और वही सभी संकट व पीड़ा में हमें सहते हैं। वे हमें यकीन दिलाते हैं कि संसार पर विजय यानी पूर्णता प्राप्त करना संभव है। रिशल के अनुसार, हम उनके अस्तित्व की वास्तविक पहचान कर सकते हैं तथा इसका पता हमें उनकी धड़कन और उनसे प्राप्त होनेवाली दिशाओं से लगता है। उनके ईश्वर से संबंध और संसार में हमारा प्रवेश करना संभव है।

चार

कर्म और पुनर्जीवन का हिंदू धर्म का सिद्धांत अधिकतर ईसाई विचारकों को प्रभावित नहीं करता है। जब तक व्यक्ति अपनी संकीर्ण निजता के साथ बना रहता है, तब तक मोक्ष या ईश्वर का साथ संभव नहीं है। जब तक उसकी सभी तरह की पृथक् प्रवृत्तियों का दमन नहीं हो जाता, उसकी सर्वशक्तिमान के साथ एकात्मकता नहीं हो सकती। जब तक हम काल पर विजय या पूर्णता को नहीं प्राप्त कर लेते, हम इस संसार और जीवनचक्र में रहने के लिए प्रतिबद्ध हैं। यह दृष्टिकोण उतना विचित्र नहीं है, जितना यह सामान्यतया कहा जाता है। यदि मोक्ष से आशय सांसारिक स्थिति से परे होना है, तब जब तक हम संसार से चिपके रहेंगे, इसे प्राप्त नहीं किया जा सकता है। जब तक हम अपना व्यक्तिगत दृष्टिकोण त्यागकर स्वयं को सर्वव्यापकता की तरफ नहीं ले जाएँगे, हम सत्य को नहीं प्राप्त कर सकते। अपनी निजता को

बनाए रखते हुए सर्वव्यापकता की तरफ जाने का प्रयास हमें निराशा ही प्रदान करेगा। नैतिक विकास ही इसकी विशेषता है। इस स्थिति में व्यक्ति की अलग प्राथमिकताएँ होती हैं तथा समान रुचियों में अन्यों के साथ विरोध होता है। हालाँकि नैतिक प्रयासों से व्यक्ति लक्ष्य का अंदाज तो लगा सकता है, पर इस तक कभी पहुँच नहीं पाता है। संसार व्यक्तिगत नैतिकता की दुनिया है तथा इसका निरंतर विकास का अपना सिद्धांत है। यह पूर्णता के लिए प्रभावशाली नहीं है। कांट का सिद्धांत हमें एक निर्देशात्मक अनुरूपता बताता है। नैतिक नियम से आशय मानव प्रकृति के संवेदनशील हिस्सों का पूर्णतया दमन है। यह स्थिति हमारे वर्तमान अनुभव में नहीं आती है, इसीलिए वह इसे पूरा करने के लिए हमें असीमित भविष्य का प्रस्ताव देता है, पर कांट यह भूल जाते हैं कि अनंत काल भी असंभव कार्य को करने के लिए अपर्याप्त होता है। सीमित कारक किसी भी स्थिति में असीमित पूर्णता प्राप्त नहीं कर सकते हैं। कांट ने एक आत्मविरोधी सिद्धांत की बात कही है। यह सीमितता के बोध को नकारना है। इस स्थिति में ही हम सीमित की अंतहीन प्रक्रिया से बच सकते हैं तथा किसी तरह की संतुष्टि भी नहीं प्राप्त होगी। जब तक हम संसार की बेड़ियों को काटकर संवेदनाओं, काल और निजता से ऊपर उठने का दृष्टिकोण नहीं रखेंगे, मुक्ति संभव नहीं है। जब नैतिकतावाद का पृथक् दृष्टिकोण त्यागकर धार्मिक स्तर तक उठेंगे, तभी हम यहाँ शाश्वत जीवन जी सकते हैं।

इस संसार में कर्म का नियम ही लागू होता है। यह तो नैतिकता का सिद्धांत ही है, जिसके माध्यम से हम उत्थान के कदम उठाते हैं, तभी पीड़ा और परिश्रम से निर्मित चरित्र के द्वारा हम हमेशा ऊपर और आगे बढ़ते हैं। कर्म के सिद्धांत के अनुसार, प्रत्येक व्यक्ति जब तक अपनी नियति को प्राप्त नहीं कर लेता, उसके सामने इसे पूरा

करने के अवसर रहेंगे। यदि प्रेम ही ईश्वर है, तब कुछ भी हमेशा के लिए समाप्त नहीं हो सकता है। ईश्वर का उद्धार का कार्य तब तक नहीं समाप्त होगा, जब तक कि ईश्वर का उद्‌देश्य पूर्ण नहीं हो जाता। व्यक्ति का पाप तो छिप सकता है, पर यह उसकी अनश्वर नियति को नष्ट नहीं कर सकता है। ईश्वर का प्रेम भी बुरे पापी को भी उससे पूरी तरह से बचने नहीं देता है। यदि मृत्यु ही अंत हो जाता तब ईश्वर का हमारी रचना का उद्‌देश्य ही विफल हो जाता, क्योंकि हममें से बहुत से लोग पाप में बिना प्रायश्चित्त के ही मृत्यु को प्राप्त हो जाते हैं। यदि ईश्वर का उद्‌देश्य भी नकार दिया जाता है, जो कि उसकी प्रकृति की बहुत ही गंभीर सीमा है, तब मृत्यु के उपरांत भी आत्मा के विकास की संभावना है और इसमें ईश्वर की अभिव्यक्ति भी है। ईश्वर के प्रेम और न्याय के लिए यह दृष्टिकोण अधिक स्थायी मालूम पड़ता है, बजाय इसके कि ईसाई विचारधारा मानवता की बड़ी संख्या नरक जैसी चीज को अपनाए हुए हैं। प्रेम के रूप में ईश्वर की वास्तविकता ईसाई विचारकों को मृत्यु के बाद के विकास को मानने के लिए प्रेरित करती है।

यदि ईश्वर अपने दुष्कर्म करनेवाले बच्चों को समाप्त करता है, तब हम उसे अपनी मूल भावना समर्पित करते हैं, जिसे सभ्य लोग सुधार भी मानते हैं। जब ईसा ने छोटे बच्चों को अपने घुटनों पर बिठाया और अपने सुननेवालों से कहा, ''ईश्वर को खुश करने का एक ही तरीका है, तुम छोटे बच्चे बन जाओ। स्वर्ग के इन नागरिकों को नरक की आग में झोंकना एक बर्बरता है।''

सेंट पाल के अनुसार—''यह संसार पीड़ामय है और ईश्वर की संतान की अभिव्यक्ति का इंतजार कर रहा है।'' यदि किसी आत्मा का ईश्वर के संतान की अभिव्यक्ति के बिना ही नाश हो जाता है, तब

संसार में ईश्वर के निष्पादन का सिद्धांत असफल हो जाएगा। दैवीय धर्ममत हमें विश्वास दिलाता है कि किसी भी व्यक्ति को हमेशा के लिए नर्क में नहीं डाला जा सकता। वह चाहे जितनी भी दूर भटके, पर वह लुप्त आत्मा नहीं है। व्यक्ति स्वयं को पापों, मूर्खता और स्वार्थ से चाहे जितना भी छिपा ले, वह अपने भीतर की दैवीय स्थिति को नहीं हटा सकता। जो व्यक्ति ईश्वर के द्वारा नहीं बना है, वह नर्क की आग में जलनेवाला कूड़ा-कर्कट है, परंतु ऐसा उनके साथ नहीं है, जो मानव के चेहरेवाले ईश्वर प्रदत्त लोग हैं। उनका संपूर्ण जीवन पापमय हो सकता है, परंतु उनकी अनश्वर नियति कभी समाप्त नहीं हो सकती है। जूडा के भयानक चेहरे के नीचे ईसा का ईश्वरीय चेहरा मौजूद है। सेंट पॉल कहते हैं, ''उसके हृदय पर परदा पड़ा है, पर जैसे ही वह ईश्वर की तरफ मुड़ेगा, उसका परदा हट जाएगा।'' इस वाक्य में 'जैसे वह ईश्वर की तरफ मुड़ेगा' से आशय है कि जब उसे पश्चात्ताप होगा, तभी उसके पास इसका अवसर है। हिंदुओं के अनुसार, पथभ्रष्ट होना संकट की सबसे बड़ी स्थिति है। पश्चात्ताप की स्थिति में वह ईश्वर से प्रार्थना करता, पर कोई भी भगवान् उसकी बात नहीं सुनता है। नर्क की आग में जलती हुई ऐसी आत्मा के बचने की किसी तरह की संभावना नहीं रहती है। एक बार मृत्यु के बाद व्यक्ति का भाग्य हमेशा के लिए तय हो जाता है। यह मानते हुए कि ईश्वर प्रेम नहीं है, बल्कि गलतियों के खिलाफ वह क्रोध के साथ कठोर न्याय करता है। पथभ्रष्ट के साथ यह न्याय नहीं है। इस जीवन की पश्चात्ताप रहित गलतियों की सजा पूरे काल तक नहीं हो सकती, किंतु ओल्ड टेस्टामेंट में ईश्वर को न्याय करनेवाले का ही दर्जा दिया गया है। कुछ पैगंबरों ने इसपर और भी विस्तार से अपना दृष्टिकोण रखा है, ईश्वर बहुत ही दयालु, कम क्रोध करनेवाला और उसमें असीम करुणा होती है।

ऐसा ईश्वर जो कि क्षमा करने के लिए तैयार रहता है और पापी को भी अपने में समेट लेता है। इस स्थिति में पथभ्रष्ट के पास भी एक अवसर रहता है। ईश्वर केवल ऐसा पिता मात्र नहीं है, जो कि घर पर सिर्फ खर्च करने के लिए इंतजार करता रहता है, बल्कि वह उस चरवाहे की तरह है, जो कि पहाड़ों में भटकी हुई अपनी भेड़ को ढूँढ़ने जाता है। यदि ईश्वर पापी को ढूँढ़ने और उसे वापस लाने जाता है, तब पथभ्रष्ट का पश्चात्ताप उसके लिए आनंद का विषय होगा। यदि ईश्वर अकल्पनीय रूप से नेक है, तब हम सोच सकते हैं कि पथभ्रष्ट भी बेहतर बनने के लिए सोच सकता है। ''यदि तुम बुरे होकर भी अपने बच्चों को अच्छे उपहार देना जानते हो, तब स्वर्ग में बैठा तुम्हारा पिता भी माँगने पर कितना अधिक दे सकता है।'' यदि हम क्षमा मिलते रहने के बाद भी क्षमा नहीं करते हैं, तब हमारे लिए यह सोचना सही है कि ईश्वर बदला लेने से अलग नहीं किया जा सकेगा। ईश्वर का असीम प्रेम ही हमारे अंतहीन भविष्य की सुनिश्चितता है।

ईश्वर मृतकों का न होकर सिर्फ जीवित लोगों का ही है। इस धारणा को अस्वीकार करने के अलावा ईसा ने भविष्य के जीवन को लेकर किसी तरह का दावा नहीं किया है। इस संदर्भ में उनकी भेड़ें, बकरियाँ, अमीर-गरीब, आशीर्वाद और दु:ख की कथाएँ स्वर्ग और नरक के रूप में हैं, परंतु वह किसी समस्या से संबंधित नहीं हैं। ईसा को अमीर पेटू और कंगाल को मृत्यु के बाद मिलनेवाले किसी तरह के न्याय के फैसले पर यकीन नहीं था। ईसा उस पश्चात्ताप करनेवाले चोर को भी भ्रमित नहीं करते थे, जो कहता था, ''आप आज मेरे साथ स्वर्ग में होंगे।'' ईसा के वाक्यों से मृत्यु के बाद भौतिक शरीरों का मिलनेवाले फैसले का समर्थन नहीं मिलता है।

मृत्यु और इसके बाद मिलनेवाले फैसले के बीच के अंतराल में

उन अनगिनत लोगों की स्थिति को समझना कठिन है। ईसा की शिक्षा और चरित्र के अनुसार स्वर्ग और नर्क की उनकी अवधारणा आत्मा में गुणात्मक परिवर्तन को लेकर थी। स्वर्ग का संबंध आत्मा में सुधार और नर्क इसका विपरीत है। ईश्वर के राज्य में स्वर्ग और नर्क के अलग-अलग स्तर हैं और प्रत्येक व्यक्ति अपने विश्वास और गुणों के आधार पर इनमें प्रवेश पाता है, इसी रूप में ईश्वर का न्याय काम करता है और यही कर्म का सिद्धांत भी है। जिस प्रकार मनुष्य अपने अवसरों का इस्तेमाल करता है, उसी रूप में उसके विश्वास के स्तर की सुनिश्चितता होती है। ईसा के कथन से उनकी आध्यात्मिक स्पष्टता का भी पता चलता है। उन्हें इस तथ्य का बोध था कि प्रत्येक व्यक्ति को फैसले के दिन अपने कर्मों का हिसाब देना होगा। अपने अनाम व्यवहार और प्रेम के लिए वह कहते हैं, ''मैं भूखा था और तुमने मुझे खाना दिया।'' भगवद्गीता के अनुसार—''यहाँ तक कि छोटे देवता भी बड़े भय से हमें बचा लेते हैं।''

मानव व्यक्तित्व के विकास के साथ इस दृष्टिकोण का संबंध है। पवित्रता की पराकाष्ठा या पूर्णता नैतिक प्रक्रिया का निरंतर विकास है, यह तुरंत हासिल नहीं किया जा सकता। नैतिक परिस्थितियों में आत्मविकास एक निरंतर प्रक्रिया है और विकास व्यक्तित्व का नियम है तथा इसके लिए समय और अवसर दोनों की ही जरूरत होती है। कर्म का सिद्धांत एक विस्तृत दृश्य दिखाता है, जहाँ आत्मविकास का एक बृहत् अवसर होता है।

यह सिद्धांत इस तथ्य पर बल देता है कि हमारा व्यवहार ही हमारा भविष्य तय करता है। बपतिस्मा यानी दीक्षा जैसी एक घटना व्यक्ति का भाग्य नहीं निर्धारित कर सकती। एक बच्चा, जो कि दीक्षा के उपरांत और दूसरा बच्चा बिना दीक्षा के ही एक ही स्थिति को प्राप्त

होते हैं। ईसा को वाकई यह सुनकर धक्का लगेगा कि प्रेम के उनके संदेश के अनुसार अन्य बहुत से मतों की त्रुटियाँ या धर्म दुर्भाग्य से रहस्यमयी संस्कार प्रसाद के अभाव में निरंतर रूप से नर्क की आग में जल रहे हैं। यह एक आध्यात्मिक विकास है कि मानव ने अपनी नियति को बनाना या न बनाना तय किया है। कर्म के इस सिद्धांत को ईश्वरीय प्रेम की निरंतरहीनता और यांत्रिक बताकर आलोचना की गई है। ईश्वर की परिकल्पना एक तानाशाह के रूप में करना कि वह अपनी खुशी से किसी को संत या पापी मान ले, हिंदू विचारों के प्रतिकूल है। यह मानना कि ईश्वर का प्रेम चरित्र के नियम से बँधा हुआ नहीं है, कैल्विनवादी निरंकुशता के धर्मसिद्धांत का समर्थन करता है, परंतु ईश्वर के लिए मानव के व्यवहार की अनदेखी करना असंभव है। हालाँकि उसका प्रेम असीम है और वह उन सभी का सहयोग करता है, जो कि सही दिशा में चलते हैं। आध्यात्मिक जगत् के अनुसार पापों की क्षमा के लिए पश्चात्ताप आवश्यक है और ईश्वर की कृपा के लिए आत्मसमर्पण ही एकमात्र रास्ता है। ईश्वरमय होने के लिए नैतिकता आवश्यक है और इसका संबंध हमारे कर्मों से है। ईश्वर के प्रति सत्यनिष्ठा, ईश्वर के प्रेम का विलोम नहीं है। दैवीय सिद्धांत हमें बताता है कि ईश्वर का न्याय कहीं बाह्य जगत् से नहीं आता है। यह हमारे भीतर से ही कार्य करता है। हम अपने कर्मों से स्वयं को निचले स्तर पर लाते हैं। ईश्वर के नियम से मुक्ति नहीं है, क्योंकि वह हमारे हाथ और पाँव से भी अधिक हमारे पास है, वास्तव में वह हममें समाहित है। कर्म का सिद्धांत हमें बताता है कि जो लोग ईश्वर के नियम का उल्लंघन करते हैं, उन्हें इसके लिए कष्ट उठाना ही पड़ता है; हालाँकि पश्चात्ताप और सुधार की संभावना प्रत्येक स्तर पर विद्यमान रहती है।

जो लोग यह तर्क करते हैं कि हिंदुओं का कर्म का सिद्धांत यांत्रिक है, क्योंकि पूर्णता के नियम के अनुसार पूर्ण ऋण का भुगतान अवश्य होना चाहिए और सबसे विकट स्थिति यह है कि इसका भुगतान भले ही पापी न करे, पर किसी के द्वारा कैसे भी करना ही होगा। वैसे एक व्यक्ति का दूसरे के पापों के लिए कष्ट सहना बोधगम्य है, चाहे इसकी जो भी वैधता हो। क्या यह स्थिति कुछ बेढंगी या विरोधाभासी नहीं प्रतीत होती है कि पापी को यह आत्मसंतुष्टि होगी कि कोई अन्य उसके पापों की सजा भोगे? इस दृष्टिकोण से यह भ्रम भी उत्पन्न होता है कि लोग अपराध को अपना पेशा बनाएँगे और ईश्वर किसी दिन अपने देवदूत या बेटे को संसार के पापों को सहने के लिए भेज देगा। जिस तरह से धर्मांध ईसाई धर्म सिद्धांत ईसा की मृत्यु को पापियों के पाप के शिकार के रूप में लेता है, उसे प्रतीत होता है कि ईश्वर के पास एक वजन तौलनेवाली मशीन होगी। मुझे पूरा यकीन है कि यहाँ हिंदू दृष्टिकोण के अनुसार सत्य को दरशाने की कोशिश की गई है कि ईश्वर का प्रेम और मानव का प्रयास दोनों ही नैतिक विकास के लिए आवश्यक हैं।

यह भी स्पष्ट है कि कर्म के सिद्धांत की विवेचना मानव की असमानता को लेकर बनी है। अनुभवों से पता चलता है कि सभी व्यक्तियों की आंतरिक मनोवृत्ति और बाह्य परिस्थितियाँ समान नहीं होती हैं। मानव स्वभाव को आकार देने में आनुवंशिकता और वातावरण का बहुत योगदान होता है। यदि हम केल्विन की बात मानें कि यह संसार प्रेम और बौद्धिक अस्तित्व के द्वारा ही संचालित हो रहा है, तब हमें यह स्वीकार कर लेना चाहिए कि जीवन की विभिन्नताएँ किसी दुर्घटना की वजह से नहीं हैं। इस प्रकार हिंदू तो इसपर यकीन कर सकता है, पर केल्विन का चयन का सिद्धांत, जिसमें उद्धार या नरक

का संबंध ईश्वर की मनमौजी इच्छा से है, हिंदू स्वीकार नहीं कर पाता है। कर्म का सिद्धांत ईश्वर द्वारा प्रदान की गई विभिन्नता को दरशाता है। हिंदू ईश्वर को अतार्किक रूप में लेने के लिए तैयार नहीं है। उसे यकीन है कि एक उभरता हुआ उद्देश्य ब्रह्मांड के विकास में स्वयं की अभिव्यक्ति है तथा यदि किसी पर आसानी से दैवीय कृपा होती है, तब वह इसके लिए उसके पूर्व कर्मों का संघर्ष मानते हैं। सेंट पाल कहते हैं, ''व्यक्ति जो बोता है, वही काटता है।'' कर्म के सिद्धांत के अनुसार व्यक्ति जो भी काटता है, वही उसने बोया होगा। मेरे अनुसार ईसा का भी कथन कुछ इसी तरह है, ''साहस करो मेरे बेटे, तुम्हारे पाप माफ किए जाएँगे।'' उनका कहने का आशय है कि उनके कष्टों की वजह उनके पुराने पाप हैं।

पापी उन्हें भूल चुके हैं, पर ईश्वर उन्हें नहीं भूला है। पापों का प्रभाव उनके व्यक्तित्व की गहराइयों में नजर आ रहा था। आधुनिक मनोविज्ञान के अनुसार, हमारे पिछले कर्म हमारे अचेतन मन में संगृहीत रहते हैं। ईसा भी संभवतः कुछ इसी रूप में कर्म के सिद्धांत की व्याख्या एक बीमार से बातें करते हुए कहते हैं, ''पाप मत करो अन्यथा स्थिति और बुरी हो जाएगी।'' पीड़ा किसी जज का हमारे ऊपर अनिवार्य आदेश नहीं है, जबकि हम इसके वास्तविक हकदार भी नहीं है। हमारी इच्छा के खिलाफ हम पर थोपी गई पीड़ा वास्तव में पाप की मजदूरी है। हम इसे एक सम्मान या सुविधा के रूप में नहीं ले सकते हैं। इस स्थिति में नर्क की पीड़ा भी शर्मनाक नहीं है। ईसा की पीड़ा को बुराई के खिलाफ चेतावनी और नेकी के लिए प्रोत्साहन मानते हैं। पीड़ा को स्वेच्छा के रूप में नहीं लिया गया है। जब तक हम शाश्वत जीवन को महसूस नहीं कर लेते, पीड़ा शुद्धीकरण के लिए है। जब हम पूर्ण हो जाते हैं, तब हम ईश्वर के कार्यों में उसके साझेदार बन जाते हैं। अतः

स्वयं अपनाई गई पीड़ा सामान्य पीड़ा से अलग है। भगवान् शिव ने मानवता के उद्धार के लिए विषपान किया था। महायान मत के अनुसार बुद्ध ने मानव के लिए निर्वाण से इनकार कर दिया था।

1. नश्वर प्राणियों पर लागू पीड़ा उनके पिछले पापों का दंड है।
2. संसार में स्वयं ही अपनाई गई पीड़ा हिंदू विचारों के अनुसार तपस कहलाती है। तपस का संबंध आत्मविकास और जगत् कल्याण के लिए होता है। यह अति कठिन मार्ग है, यहाँ तक कि बहुत से महान् लोग भी इससे घबरा जाते हैं। अपनी नियति को हासिल करने की सबसे प्रभावशाली पद्धति संसार के लिए पीड़ा का अनुभव है। शिव जो कि परम तपस्वी माने जाते हैं, वह अपने भक्तों से आत्मसंयम, तप और आत्मत्याग की आशा करते हैं तथा ब्रह्मा ध्यान और विष्णु भक्ति चाहते हैं। जो भी व्यक्ति बुराइयों से मुक्त होकर स्वयं को ईश्वर के पुत्र के रूप में अभिव्यक्त करना चाहता है, उसे संसार के लिए प्रेमपूर्वक कष्ट सहना होगा, क्योंकि यही उसकी कीमत है। ईसाई धर्म का क्रॉस हिंदुओं के लिए प्रतिरोध या अवरोध नहीं है, बल्कि यह ईश्वर का वास्तविक उद्धार करने का महान् प्रतीक है। यह दरशाता है कि आत्मत्याग के मूल में किस प्रकार प्रेम समाहित है। हिंदू धर्म में ऋषियों और बुद्धों के बहुत से उदाहरण हैं, जिन्होंने संसार के लिए बहुत अधिक कष्ट उठाए। उनकी यह अपरिहार्य पीड़ा उनके पिछले पापों का परिणाम नहीं थी।

ईसाई विचारक एक लंबे समय तक निरंतर यंत्रणा के सिद्धांत के साथ असहज रहे और उन्होंने भविष्य के विकास के लिए कई तरह की पद्धतियाँ भी विकसित की थीं। सन् 1429 में फ्लोरेंस परिषद् ने

एक ऐसे शोधन-सिद्धांत की रचना की थी, जो कि न तो नर्क था और न ही स्वर्ग। डीन फरार के अनुसार यह एक ऐसा मध्य स्थान था, जहाँ लोगों को प्रायश्चित्त की सुविधा थी। कुछ धर्मशास्त्रियों ने मृत्यु और फैसले के बीच के स्थान की भी बात कही है, जबकि बहुत से लोग वर्तमान और अगले जीवन के बारे में तर्क देते हैं, परंतु कुछ ही लोग पूर्व अस्तित्व की वकालत करते हैं। समय के साथ हिंदू धर्म के तत्त्वों का महत्त्व देते हैं, जो कि आज काफी हद तक विकृत पौराणिकता से भ्रमित है और इसमें हिंदू विचार का अभाव है।

पाँच

भारतीय ईसाई जो कि भारत की ही आध्यात्मिक वायु में अपने हिंदू भाइयों के समान दैवीय धार्मिकता में साँस लेते हैं। उनके लिए ईश्वर के भविष्य सूचक कठोर और अलौकिक दृष्टिकोण को स्वीकार करना कठिन लगता है, जिसमें ईश्वर के भयानक न्याय का भय बना रहता है तथा यहाँ ईसा को भगवानों का भगवान् बनाकर मानवता के पापों का प्रायश्चित्त करने के लिए सलीब पर लटकाने के लिए दुनिया में भेजा गया था। वह ईसा का उनके पुनर्जीवित होने के चमत्कार के रूप में देखते हैं। भारतीय ईसाइयों की युवा पीढ़ी मानती है कि ईश्वर संपूर्ण संसार में सभी लोगों में कार्य करता है, हालाँकि ईसा उनकी प्रकृति के अनुकूल है और वह किसी अन्य की तुलना में ईश्वर को महसूस करते हैं, वह सोचते है कि ईसा का जीवन प्रेम रूपी उद्धारक का है, जिसकी ओल्ड टेस्टामेंट के लेखकों द्वारा अनदेखी की गई है। हालाँकि उनके कुछ महान् पैगंबर इससे अनभिज्ञ नहीं थे और उनका हमारे वर्तमान संसार के लिए बहुत अधिक नैतिक महत्त्व है। उन्होंने ईश्वर को अच्छाई के रूप में तथा ईसाई प्रेम को धर्म के सिद्धांत के रूप में नहीं फैलाया। वह हिंदू धर्म

के सर्वव्याप्त ईश्वर, अहिंसा, कर्म और पुनर्जन्म के सिद्धांत को त्रुटिपूर्ण ढंग से समझने पर ध्यान देते थे। आज भारत में ईसाई धर्म हिंदू धर्म की पुकार को सुनता है। वह इस पर ध्यान दे सकता है और अनुकरण करने के साथ-साथ इसे अनसुना भी कर सकता है और विरोध भी कर सकता है। किंतु सभी संकेत दरशाते हैं कि उसका चयन बुद्धिमत्तापूर्ण होगा। वह हिंदू धर्म के बेहतरीन तत्त्वों के साथ ईसाई धर्म के अच्छे तत्त्वों को मिलाकर देखता है और यदि वह इसमें सफल होगा, तब इस हिंदू ईसायत का लाभ केवल भारत को ही नहीं होगा, बल्कि संसार की आध्यात्मिक जीवन की वृद्धि होगी।

□

बौद्ध धर्म

दुनिया के इतिहास में बौद्ध धर्म के संस्थापक बुद्ध का एक महान् स्थान है। इनके जन्म से मृत्यु तक का संपूर्ण जीवन एक आख्यान है। बुद्ध का जन्म एक राज परिवार में राजकुमार के रूप में हुआ था, परंतु उन्होंने अपना विलासमय जीवन अपनी युवावस्था में ही त्यागकर ध्यान के माध्यम से सत्य की तलाश में लगा दिया था।

यह काल बौद्धिक काल था। इस युग में सिद्धांतों में मतभेद और कुछ के द्वारा उन्हें स्वीकार किया जाना आम था तथा यह व्यक्तियों की सनकों एवं इच्छाओं में नजर भी आता था। (ब्रह्मसूत्र) बेमेल पद्धतियों और द्वंद्वों के उत्साह ने बुद्ध को अलौकिक अटकलबाजियों की निरर्थकता का एहसास करा दिया था। नैतिकता के क्षेत्र में पारंपरिक रीति-रिवाजों ने नैतिक जिम्मेदारियों को हटा दिया था। धर्म के क्षेत्र में पुरातन अंधविश्वासों ने अपना सिर उठाया और इससे लाभ लेनेवालों ने इसका फायदा उठाया। बुद्ध के अनुसार प्रत्येक व्यक्ति बिना किसी पुजारी के ध्यान या देवताओं के संबंध के बिना भी मोक्ष प्राप्त कर सकता है। मोक्ष का संबंध संदेहयुक्त धर्म सिद्धांतों को मानने या क्रोधी देवताओं को प्रसन्न करने से नहीं, बल्कि यह चरित्र की पूर्णता और अच्छाई के प्रति लगाव पर निर्भर है। बुद्ध की शिक्षा का संबंध धार्मिक रुझानों और अलौकिक पूर्वानुमानों की अस्वीकृति तथा नैतिक निष्ठा से है।

अलौकिकता

बुद्ध के बताए चार सत्य निम्न हैं, दु:ख है, दु:ख का कारण है, इसे दूर किया जा सकता है, इसे दूर करने के उपाय हैं। चूँकि सभी चीजें अल्पजीवी हैं, इसलिए दु:ख है। सभी चीजें निरंतर परिवर्तन की स्थिति में हैं। जीवन निरंतर रूप से कुछ बनने और समाप्त होने की प्रक्रिया है। किसी भी चीज की अवधि चाहे, जितनी हो जैसे बिजली की चमक इतनी संक्षिप्त या सहस्राब्दी इतनी दीर्घ, फिर भी वह बनने की प्रक्रिया में है। बुद्ध ने गैर-मानसिक वास्तविकता की अस्थायी स्थिति से लेकर मानसिक प्रक्रिया के क्षणिक पल को व्यक्त किया है तथा वह सभी तरह के अस्तित्व को क्षणिक ही मानते हैं। प्रत्येक घटनाक्रम शृंखला की कड़ी मात्र है तथा विकास की एक क्रमिक स्थिति है और बहुत सी शृंखलाएँ जुड़कर एक संपूर्ण स्थिति बनाती है। पदार्थ और आत्मा मिलकर एक अनुक्रम और प्रक्रिया बनाते हैं।

जब हम चीजों के बारे में प्रक्रियाओं से हटकर सोचते हैं, तब हम यथार्थ से दूर हो जाते हैं। हम पदार्थ और गुण, पूर्ण और अंश, कारण और प्रभाव के साथ तार्किक संबंधों के द्वारा स्थिर ब्रह्मांड निर्मित करते हुए प्रतीत होते हैं। यह संबंध तार्किक जगत् के अनुरूप है, पर वास्तविक नहीं है। हम चीजों के स्थायी मूल की कल्पना का विचार करते हैं, जबकि यह एक काल्पनिक विचार है। हम कहते हैं कि पानी बरसता है, परंतु यहाँ ऐसा कुछ नहीं है। यहाँ सिर्फ एक हलचल है, कोई करनेवाला नहीं है, बस सिर्फ कर्म हो रहा है। हम चीजों की पहचान के लिए इसकी निरंतरता से भ्रमित होते हैं। बच्चा, लड़का, युवा और वृद्ध सभी एक ही हैं। बीज और पेड़ एक ही है। निरंतरता एक अखंडित स्थिति की पहचान प्रदान करती है, जैसे एक चमकदार छड़ी घुमाने पर एक वृत्त का भ्रम उत्पन्न करती है। एक उपयोगी परंपरा हमें अलग-अलग शृंखलाओं के नाम बताती है।

यह आंतरिक वास्तविकता की पहचान है।

स्थायी तत्त्व के अभाव में संसार की निरंतरता की विवेचना सार्वभौम कारणत्व के सिद्धांत के द्वारा होती है। धर्म केवल एक स्थिति या एक कारण है। "जो विद्यमान है, वह बनता है; उसकी उत्पत्ति से यह उत्पन्न होता है; वह नहीं है, तब यह नहीं बनता है; उसके अंत से इसका अंत है।" (मझिमा 32), प्रतिसमुत्पाद या निर्भरता के सिद्धांत के अनुसार ऐसा कुछ भी नहीं है, जो परिवर्तन करता है। यहाँ केवल स्वत: परिवर्तन ही है। संसार की शृंखला अंत या निर्माण की शृंखला नहीं है। यहाँ एक स्थिति कारणात्मक ऊर्जा में परिवर्तित होती है। यहाँ अतीत का वर्तमान में संयोजन होता है और जो प्रकृति के बाह्य व्यवहार में पहले और बाद में विघटित होता है।

जीवन और गति एक नियम का पालन करते हैं। संसार की प्रक्रिया का नियम व्यक्ति की निराशा में आशा उत्पन्न करता है। संसार की प्रक्रिया में कई तरह के दृष्टिकोण होते हैं। यहाँ प्रमुख प्रवृत्ति उस स्थिति के अस्तित्व को नकारने के बजाय इसे अस्थायी मानना है। यह तात्त्विक प्रकृति का परामर्श है। यह संसार अज्ञानता का उत्पाद है और ज्ञानियों के लिए इसका अस्तित्व नहीं है। संसार का व्यक्तिगत रूप अकसर विशेष अनुकूलनहीन वास्तविकता की अभिव्यक्ति है। जब सत्य उद्‍घाटित होता है, तब प्रमुख तत्त्वों को पीछे छोड़कर एकीकृत तत्त्व लुप्त हो जाता है। बुद्ध की रुचि संसार की प्रकृति की व्याख्या करने में नहीं थी। उनके अनुसार जब आग लगी हो और लोग उसमें जल रहे हों, तब इसकी चर्चा करने का समय नहीं है, बल्कि इससे बचने का समय है।

व्यक्ति का आत्म कुछ तत्त्वों से मिलकर बना है, जैसे मानसिक (नाम) और तत्त्व (रूप) हमेशा परिवर्तित होते रहते हैं। वेदना, बोध, संस्कार और बुद्धि मानसिक तत्त्व हैं। अनुभूति का संबंध भावना से तथा बोध और बुद्धि का संबंध संज्ञान एवं प्रवृत्ति का संबंध संकल्पशक्ति से

है। बुद्धि कभी-कभी आत्म की भाँति कार्य करती है। हमारे पास स्थायी आत्म का साक्ष्य नहीं है। "जब कोई कहता है कि 'मैं' तब वह जो भी कहता है, उसका संबंध सभी संयुक्त तत्त्वों से होता है या फिर उनमें से किसी एक तत्त्व से, तब वह स्वयं को भ्रमित करता है कि वह 'मैं' था। (संयुत्त 130) बुद्ध ने स्थायी आत्म को नकारे बिना ही अनुभवजन्य आत्म पर बल दिया है। कथानक के अनुसार नागसेना ने स्थायी आत्म को अमूर्त के रूप में नकार दिया और व्यक्ति के आत्म को ऐतिहासिक निरंतरता की एकीकृत जटिलता के रूप में प्रस्तुत किया था। जैसा कि शरीर का नाम उसके गुणों की प्रक्रिया के अनुसार है, इस प्रकार आत्मा का नाम हमारी संपूर्ण मानसिक स्थितियों के अनुसार होता है।

आत्मा की संकल्पना पुनर्जन्म को महत्त्वपूर्ण बनाती है। व्यक्ति असंबंधित घटनाओं की संयोगवश उत्पत्ति नहीं है, बल्कि वह एक जीवंत निरंतरता है। पुनर्जन्म वाला व्यक्ति मृत व्यक्ति नहीं है, परंतु वह उससे अलग नहीं है। यहाँ न तो पूर्ण पहचान है और न ही पूर्ण अंतर है। यहाँ निरंतरता के साथ न समाप्त होनेवाला परिवर्तन भी है। प्रत्येक अनुभूति आने और जाने के साथ पूर्ण अतीत के साथ जुड़ी हुई है।

नैतिकता और धर्म

जीवन का लक्ष्य मोक्ष है और इसमें आत्म का निर्माण शामिल नहीं है। इसकी तरफ जानेवाले हमारे सभी व्यवहारों को अच्छा माना जाता है। बुद्ध के अष्टांग मार्ग- सम्यक् विश्वास, सम्यक् आकांक्षा, सम्यक् वाणी, सम्यक् व्यवहार, सम्यक् आजीविका, सम्यक् प्रयास, सम्यक् मनोभाव और सम्यक् हर्षातिरेक बौद्ध धर्म की नैतिकता स्पष्ट करते हैं। यह अतिलिप्तता और अति आत्मसंयम के बीच का मध्य मार्ग है। यह व्यक्ति की बौद्धिक भावनात्मक और इच्छाशक्ति को परिवर्तित करने के लिए है। बुद्ध के काल में जाति-व्यवस्था भ्रमित स्थिति में थी। इन्होंने

ब्राह्मणवाद पर प्रहार करते हुए इसे जन्म पर आधारित न मानते हुए कर्म पर माना था। हालाँकि वह समाजसुधारक नहीं थे और उनकी रुचि धर्म में थी। वैसे तो बौद्ध धर्म सभी के लिए खुला था, परंतु व्यावहारिक रूप से इसमें उच्च जातियाँ ही थीं। बुद्ध ने घरेलू परंपराओं में हस्तक्षेप नहीं किया, जो कि वैदिक परंपराओं के अनुसार ही संचालित होती थीं। बुद्ध का मिशन लोगों को उनकी आत्मानुभूति के लिए दैवीय कृपा के रहस्यों को उद्घाटित करना नहीं था। निर्वाण का शाब्दिक अर्थ 'बाह्य प्रवाह' या 'शांति' से है। इसका संबंध वासना की अग्नि, घृणा और अज्ञानता की मुक्ति से है। यह कालहीन तथा विश्वास, शांति, आशीर्वाद, प्रसन्नता, कोमलता, शुद्धता, ताजगी से भरा इसका अस्तित्व है। (मिलिंद, 11.2.9) यमक के दृष्टिकोण के अनुसार निर्वाण के सर्वनाश के रूप को अस्वीकार किया गया है। कहते हैं कि इसकी प्रकृति मानव विचार से परे है, इसलिए निर्वाण को नकारात्मक रूप से विवेचित किया गया है।

हम बौद्ध धर्म को पूरी तरह से नई शुरुआत के रूप में नहीं लेते हैं, जिसका अतीत से संबंध ही नहीं था। यह उपनिषदों के विचार के बाद का स्तर था। चरम वास्तविकता, मुक्ति की प्रकृति और आत्मा के स्थायी चरित्र के प्रश्नों के जवाब बुद्ध ने नहीं दिए हैं। उन्होंने इसपर अनुभवों की स्वीकृति नहीं दी और मलुक्य के प्रश्नों का उत्तर नहीं दिया, क्योंकि इनसे व्यावहारिक जीवन में सहायता नहीं मिलती है। अलौकिक विषयों पर उनके मौन को बहुत से अन्य ढंग से विवेचित किया गया है। उनके कुछ पुराने समर्थकों और आधुनिक व्याख्याकारों ने इसे नकारात्मक रूप में लिया है। वे कहते हैं कि बुद्ध किसी भी तरह की दैवीय या भौतिक स्थायी वास्तविकता में विश्वास नहीं करते थे। उनके अनुसार निर्वाण का दृष्टिकोण शून्यता है। बुद्ध ने भय के नकारात्मक दृष्टिकोण पर बल नहीं दिया है। उनका यह दृष्टिकोण उनके दर्शन को संदेहास्पद और असंगत बताता है। बुद्ध के दिए गए सकारात्मक कथन इस नकारात्मक तार्किकता के साथ

असंगत हैं। बुद्ध के समय में उनके विचारों ने धार्मिक मानसिकतावाले लोगों को प्रभावित नहीं किया होगा, जबकि दूसरों ने उनके मौन को उनकी अज्ञानता को आवरण समझा। उन्हें सत्य की जानकारी नहीं थी। बुद्ध की अनुभूति के दृष्टिकोण में यह सिद्धांत अतार्किक है कि उन्हें सत्य का ज्ञान था और वह लोगों को इस तरफ ले जा सकते थे। वैसे यह विश्वास करना कठिन है कि बुद्ध अज्ञानी थे और वह अपने शिष्यों को अज्ञानी ही रखना चाहते थे। कोई भी विचारशील व्यक्ति बिना नैतिकता की चरम स्थिति के नहीं रह सकता है। यह भी महसूस होता है कि बुद्ध ने उपनिषदों के विचारों के सकारात्मक आदर्शवाद को स्वीकार किया था; हालाँकि उन्होंने प्रत्येक व्यक्ति को उसकी स्वयं की अनुभूति पर बल दिया था। उन्होंने अलौकिक प्रश्नों की अनदेखी कर दी, क्योंकि इनपर बहस लोगों को उनके नैतिक जीवन से भटकाती है। इसका व्यक्ति की पवित्रता से कुछ भी लेना-देना नहीं है, जबकि यह तार्किकता और सैद्धांतिकता से अधिक आध्यात्मिक है। यदि हम इस दृष्टिकोण से असहमत हैं, तब निर्वाण की सकारात्मक विवेचना को समझना कठिन होगा तथा बुद्ध ने भी घटनाक्रम से परे किसी पूर्ण वास्तविकता से अस्तित्व को अस्वीकार किया है। बुद्ध का वाराणसी का उपदेश परम अस्तित्व की वास्तविकता की पुष्टि करता है। उपनिषदों और बुद्ध ने मनुष्य की समझ की सीमा को स्वीकार किया है, परंतु बुद्ध तार्किक रूप से मानव की सीमा के भीतर न्यायोचित कर्म को धर्म का रूप मानते हैं। उपनिषदों में धर्म और सत्य को पारिभाषित किया गया है। चूँकि बुद्ध का प्रमुख उद्देश्य नैतिकता पर बल देना था, इसलिए उन्होंने पूर्णता की नैतिक प्रकृति पर विशेष बल दिया है। धर्म ही ब्रह्म का स्थान है।

□

भारतीय-दर्शन

दार्शनिक विकास

भारतीय विचार दर्शन के संपूर्ण इतिहास में मानव के संघर्ष का आदर्श वास्तविक और अधिक अस्पष्ट भी है, साथ-ही-साथ यह आत्मा का वास्तविक निवास और भारतीय नस्ल को आवाज भी देता रहा है। भारत में रहस्यवाद की पहेलियों को सुलझाने का मानव का कभी न खत्म होनेवाला प्रयास और पाशविकता से नैतिकता एवं आध्यात्मिक ऊँचाई तक उठने की उसकी कोशिश भी नजर आती है। इस संदर्भ में हम पुरातत्त्व जानकारी के अनुसार चार सहस्राब्दियों का संघर्ष देख सकते हैं। यह स्पष्ट मान्यता है कि यह संसार सूर्य और आकाश जैसे देवताओं के द्वारा ही चलाया जा रहा है तथा वह ऊपर से मानवों के हर अच्छे-बुरे व्यवहार पर नजर रखे हुए हैं। ऐसा भी विश्वास है कि प्रार्थना और अनुष्ठानों के माध्यम से ईश्वर की उपासना की जा सकती है। सर्वशक्तिमान ईश्वर के प्रति यह भी प्रबल धारणा है कि जीवन अनंत है तथा मानव के भीतर ही वह पवित्र आत्मा है, जिसके लिए बौद्ध और जैन धर्म भी नैतिक प्रकृति पर बल देते हैं, यानी भौतिकता, संशयवाद और भाग्यवाद से परे होकर ही सभी तरह की बुराई से दूर रहा जा सकता है और यही इन धर्मों का मूल भी है। भगवद्गीता आत्मा की नैतिकता से

लेकर अलौकिक पूर्णता पर बल देती है तथा न्याय की तार्किकता आज भी प्रमुख तत्त्व है। प्रकृति की विशेष व्याख्या; विज्ञान और मनोविज्ञान का पूर्वानुमान; पूर्णता की यौगिक पद्धति; मीमांसा की सामाजिक नियमावली और सर्वशक्तिमान की धार्मिक व्याख्या, शंकर, रामानुज, माधव, निंबार्क, वल्लभ और जीवगोस्वामी का मानव जाति के इतिहास में एक महत्त्वपूर्ण दार्शनिक विकास रहा है। तार्किक शृंखला में एक के बाद दूसरे अनुसरण होते रहे। भारतीयों का जीवन जैसे-जैसे विकसित होता गया, यह समय के साथ भौतिक, सामाजिक और सांस्कृतिक रूप से अपना आकार लेता गया। पुराने स्वर में प्राचीन भारतीय सभी कार्यों को पहली बार कर रहे थे। उनके पास अतीत की बुद्धिमत्ता का सहारा नहीं था। उन्हें कई तरह के द्वंद्वों का सामना करना पड़ा, जो कि अब अतीत की चीज बन चुकी है। इतना होने पर भी उनकी दर्शन के क्षेत्र में उपलब्धियाँ कम नहीं हैं, किंतु यह चक्र अभी पूरा नहीं हुआ है तथा संभावनाएँ भी समाप्त नहीं हुई हैं। दर्शन अभी भी अपनी शैशव अवस्था में ही है।

भारतीय दर्शन अपने रहस्य, प्रचुर सौंदर्य और इसे समझने में होनेवाले मानव प्रयास के कारण किसी को भी प्रभावित करता है। विचारकों की लंबी संघर्षमय यात्रा के कुछ नए विचारों से लेकर कुछ अपूर्ण मानवीय ज्ञान तक के छोटे-छोटे मानवीय बुद्धिमत्ता के मंदिरों का निर्माण किया है, किंतु मानवीय पूर्वानुमानों में आदर्शों की कहीं-कहीं कमी मिलती है, जिन्हें न तो छोड़ा जा सकता है और न ही रखा जा सकता है। हम अपने चारों तरफ के अंधकार की गहराई के प्रति अधिक जागरूक हैं, बजाय इसे दूर करनेवाली उस ज्योति के, जो कि हमें अपने अतीत से विरासत में मिली है। आखिरकार चरम समस्याओं पर विचारकों के प्रयास के उपरांत हम जहाँ पहुँचे हैं, पहले हम वहाँ से काफी दूर थे और जब तक हम मनुष्य हैं, हम वहाँ पहुँच भी जाएँगे। वैसे यह

हमारे सीमित मस्तिष्क की शृंखला के रहस्य से बँधा हुआ है। हालाँकि दर्शनशास्त्र का यह प्रयास व्यर्थ का प्रयास नहीं है। यह हमें उस शृंखला की पकड़ में रहने में सहायक है। यह मानव की अविकसित चेतना को तीव्र करता है और हमारे बोध को गहराई प्रदान करता है तथा इससे हमारे गुजरे जीवन की अपूर्णता का भी पता चलता है। हमारी बौद्धिकता के अनुसार यह संसार बहुत पारदर्शी नहीं है तथा दार्शनिक वास्तव में बुद्धिमत्ता का प्रेमी होता है, वह इसका प्रवक्ता नहीं है। यह यात्रा का अंत नहीं है, बल्कि स्वयं में एक यात्रा ही है। इसमें कहीं पहुँचने से बेहतर यात्रा करना ही है।

विचारों के दौरान हम यह पूछ सकते हैं कि क्या इतिहास के जाने हुए तथ्य विश्वास की प्रगति में सहायक होते हैं। क्या मानव विचार आगे बढ़ती हुई स्थिति है या फिर पीछे हटती हुई। यह शृंखला बेमतलब या सनक भरी नहीं है। भारत प्रगति में यकीन रखता है तथा हम पहले ही कह चुके हैं, यह चक्र एक जैविक बंधन में बँधा हुआ है। इसकी निरंतरता का आंतरिक धागा टूटा नहीं है। यहाँ तक कि भयभीत करनेवाली पुरानी क्रांतियाँ भी हमें इसे पुनः प्राप्त करने में सहायता ही करती हैं। हालाँकि क्षरण का काल भी पुराने जीवन से नए की तरफ चलता है। प्रगति और ह्रास की दोनों धाराएँ आपस में गुँथी हुई हैं। इस स्तर पर प्रगति आगे की तरफ ले जाती है और दूसरी तरफ पीछे ले जाती है, परंतु यह आगे ही बढ़ती है। यह भी सही नहीं है कि इस प्रक्रिया में बहुत कुछ नष्ट हो चुका है, किंतु कुछ चीजें तुलनात्मक रूप से अधिक व्यर्थ हैं। सबसे महत्त्वपूर्ण है भविष्य। चूँकि हम अपने पुराने लोगों के कंधों पर हैं, इसलिए हम दूर तक देख सकते हैं। हमें अपने अतीत में बनाई गई नींव पर आराम करने के बजाय आधुनिक दृष्टिकोण से सामंजस्यता की एक बड़ी इमारत बनानी चाहिए।

दो

सभी पद्धतियों की एकता

भारतीय विचारकों के विचार, परंपराओं और सत्य के प्रति निष्ठा के साथ गुँथे हुए हैं। प्रत्येक विचारक यह मानता है कि उसके पूर्ववर्तियों के सिद्धांत एक आध्यात्मिक ताने-बाने से बने हैं और यदि वह इनकी झूठी निंदा करता है, तब वह अपनी ही संस्कृति को बदनाम करता है। हालाँकि इसके कुछ तत्त्व बहुत उत्कृष्ट नहीं हो सकते हैं, फिर भी संपन्न परंपरावाले लोग इसे नकार नहीं सकते हैं। विचारकों ने इन्हें काटने-छाँटने और विवेचित करने की कोशिश की है, पर यह लोगों की भावनाओं के इर्द-गिर्द ही रहे हैं। वैसे भारतीय विचारकों ने पूर्ववर्ती विचारकों की ब्रह्मांडीय व्याख्या को न्यायोचित ठहराया है और उन्हें सत्य के काफी नजदीक भी माना है। इसके संदर्भ में अन्य विचारकों की भी अनदेखी नहीं की गई है। इनका सम्मान एक ऐसे मंदिर के रूप में किया गया है, जो कि बहुत सी दीवारों, खंभों और ड्योढ़ियों से निर्मित है। तर्क, विज्ञान, दर्शन और धर्म सभी आपस में संबंधित हैं। विचारों की प्रगति का प्रत्येक नवीन क्षण एक नए तर्क के रूप में आता है। पद्धति की समस्या, जिसमें मानव विचार सम्मिलित हैं, वह वाकई महत्त्वपूर्ण होता है। न्याय दरशाता है कि बिना तर्क की नींव के किसी भी तरह के स्थायी दर्शन की रचना नहीं हो सकती है। वैशेशिका से हमें पता चलता है कि लाभप्रद दर्शन भौतिक प्रकृति से निर्मित होने चाहिए। हम इन्हें बादलों में नहीं बना सकते हैं। हालाँकि भौतिकी और अलौकिकता अलग-अलग हैं और आपस में मिलाए नहीं जा सकते, फिर भी दर्शन वास्तविक विज्ञान का ही परिणाम है। परंतु ब्रह्मांड के संदर्भ में, जो कि भौतिक दुनिया में सत्य है और वैज्ञानिक अलौकिकता की भ्रामकता से भी प्रतिबद्ध है, यह

सामाख्या हमें इस खतरे से सावधान रहने के लिए कहती है।

प्रकृति के तत्त्व चेतना से उत्पन्न नहीं किए जा सकते। हम प्रकृति और मनोवैज्ञानिक अलौकिकता को कम नहीं कर सकते। वास्तविकता केवल विज्ञान और मानव-जीवन में नजर नहीं आती, बल्कि यह धार्मिक अनुभवों और योग में भी स्पष्ट होती है। पूर्व मीमांसा और वेदांत, नैतिकता एवं धर्म पर बल देते हैं। प्रकृति और मन के बीच का संबंध ही दर्शन की सबसे बड़ी समस्या और इसे ही वेदांत ने उठाया भी है। यह भी कहा गया है कि संत जन इन दोनों का विरोध नहीं करते हैं तथा दर्शन के साथ भी यही तथ्य है। न्याय-वैशेशिका, सांख्य-योग तथा वेदांत सत्य के रूप में अलग नहीं हैं। ये अलग-अलग बौद्धिक स्तरों के लोगों द्वारा अपनाए जाते हैं। ब्रह्मांड की कोई भी चेतना पूरी तरह से स्वीकार नहीं की जा सकती, क्योंकि इसमें अलग-अलग तर्क, भौतिकी, मनोविज्ञान, नैतिकता, अलौकिकता और धर्म शामिल हैं। भारत में विकसित हुए प्रत्येक विचार का अपना एक अलग सिद्धांत व्याख्या, मन और धर्म है। ब्रह्मांड के बारे में हमारा ज्ञान प्राकृतिक विज्ञान के निर्देश में विकसित हुआ है और हम किसी प्रतिबंधित दृष्टिकोण से संतुष्ट नहीं हो सकते हैं। दर्शन के आगामी प्रयासों को प्राकृतिक विज्ञान और मनोविज्ञान की वर्तमान आधुनिकताओं से संबंधित होना पड़ेगा।

तीन

दर्शन और जीवन

दर्शन शास्त्र का कार्य-जीवन को व्यवस्थित तथा कर्म का मार्गदर्शन करना है। यह परिवर्तनों और विश्व के विकल्पों के माध्यम से हमें निर्देशित करता है। जब तक दर्शन जीवित है, यह लोगों के जीवन से दूर नहीं हो सकता है। विचारकों के विचार उनके जीवन के इतिहास

से ही उत्पन्न होते हैं। हमें केवल उनका सम्मान ही नहीं, बल्कि उन्हें अपनाना भी चाहिए। इसके कुछ नाम हैं, वसिष्ठ, विश्वामित्र, याज्ञवल्क्य, गार्गी, बुद्ध, महावीर, गौतम, कंड, कपिल, पतंजलि, वादरायण, जैमिनी आदि। शंकर और रामानुज केवल इतिहासकारों के विषय ही नहीं, बल्कि व्यक्तित्व भी हैं। इनके दार्शनिक विचार एक वैश्विक दृष्टिकोण रखते हैं तथा इनका आधार अनुभव और मनन है। विचार जब स्वयं में विचारक बन जाता है, तब वह जीवन-पद्धति के द्वारा धर्म का रूप ले लेता है और फिर जीवन की सर्वोच्च परख के द्वारा इसे परखा जाता है।

चार

हाल के अतीत दर्शन का ह्रास

यह भी आम आलोचना है कि भारतीय मस्तिष्क विचार करने से डरता है, परंतु साक्ष्य इस तथ्य का समर्थन नहीं करते हैं। हम भारतीय विचार की संपूर्ण प्रक्रिया को यह कहकर नकार नहीं सकते हैं कि यह बेतुकी काल्पनिकता और बचकानी पौराणिक कथा है। हालाँकि पिछले तीन या चार शताब्दियों के विचारों के इतिहास में इस अभियोग का समर्थन मिलता है। वैसे भारत अब एशिया में अपनी ऐतिहासिक विरासत के अनुसार ज्ञान के उच्चतम शिखर पर नहीं है। ऐसा लगता है कि जो नदी सदियों से अपनी पूरी ताकत के साथ बह रही थी, उसका अंत एक रुके हुए बेकार पानी के रूप में होनेवाला है। इस काल के दार्शनिक और लेखक, जो कि सत्य के समर्थक होने का दावा करते हैं, उन्होंने धार्मिक मतों की बाल की खाल निकाली है। इन पेशेवरों की कल्पना में उनके बगल में बहती हुई पतली सी नदी ही भारतीय दर्शन की चौड़ी सी नदी है।

इस परिणाम तक आने के लिए बहुत सी वजहें भी रही हैं। मुसलिम

सत्ता के कारण राजनीतिक परिवर्तन हुए और इसने लोगों की सोच को कट्टरवादिता के साँचे में ढाला। जब व्यक्तिगत सोच और निजी फैसलों ने अराजकता का भय उत्पन्न किया, तब पुरानी सामाजिक व्यवस्था और स्थिर धारणा के लिए शासकीय नियंत्रण की आवश्यकता महसूस की गई। मुसलिम विजय और इनके प्रचारवादी कार्य तथा ईसाई मिशनरियों के आंदोलन ने हिंदू समाज की स्थिरता को अस्थिर करने का प्रयास किया और इस समय अस्थिरता की चेतना के कारण शासन स्वाभाविक रूप से एक ऐसी चट्टान बन गया, जिस पर सामाजिक सुरक्षा और नैतिक व्यवस्था टिक सकती थी। इन सांस्कृतिक द्वंद्वों के दौरान हिंदुओं ने परंपराओं और विजय करनेवाले विचारों के प्रवेश को रोक कर स्वयं की किलेबंदी कर ली। उनके समाज ने अविश्वसनीय तर्कों और उबाऊ बहसों को ऐसी स्थिति में ला दिया, जहाँ स्वतंत्र सवाल पाप के रूप में देखे जाने लगे, तभी से इसके मिशन में इसकी विश्वसनीयता समाप्त हो गई है। इस स्थिति के बाद यहाँ विचारक नहीं थे, बस ऐसे विद्वान् थे, जिन्होंने पुरानी पुकार पर नई ध्वनि और नई टिप्पणियाँ कीं। कुछ शताब्दियों से इन्होंने अंतिम सिद्धांत के रूप में स्वयं को धोखा ही दिया। क्रियाशीलता के अभाव में दर्शनशास्त्र अपने इतिहास के साथ भ्रमित हो गया। यह अपना काम छोड़कर भ्रम में ही उलझ गया। जब यह आम वजहों का संरक्षक और मार्गदर्शक बनने में असफल हो गया, तब इसने स्वयं के साथ बहुत बड़ी गलती की थी। बहुत से लोगों का मानना है कि उनकी नस्ल ने एक लंबी यात्रा तय की है और इसे अपने लक्ष्य तक पहुँचने में काफी समय लगा है। यहाँ तक कि जिन्हें पता है कि वह अभी तक नहीं पहुँचे हैं, वह भी इसे देश की भविष्य की यात्रा के रूप में देख रहे हैं एवं एक अज्ञात से भयग्रस्त भी थे। निस्तब्धता और शाश्वतत्व पर चिंतन किए बिना सवाल नहीं किए जा सकते। अनंत की

जानकारी एक ऐसा भँवर है, शक्तिशाली मस्तिष्क भी जिसकी अनदेखी करते हैं। हालाँकि पिछली तीन-चार शताब्दियों में दार्शनिक भावना पर आलस्य का प्रभाव रहा है।

पाँच

वर्तमान स्थिति

आज संसार के महान् धर्म और विभिन्न विचार-प्रवाह भारत की धरती पर मिल चुके हैं। पश्चिम के साथ हुए संपर्कों ने एक सौम्य संतुष्टि का वितरण किया है। विभिन्न संस्कृतियों के मेल-जोल ने दरशाया है कि आधारभूत समस्याओं का कोई भी अधिकृत हल नहीं है और इसने पारंपरिक समाधान के विश्वास को भी हिला दिया है। हालाँकि इसने कुछ हद तक विचारों की स्वतंत्रता और इसके लचीलेपन को बनाए रखने में सहायता की है। परंपराएँ पुन: प्रवाहमयी हुई हैं, जबकि कुछ विचारक पुरानी नीवों पर नए भवनों को निर्माण करने में व्यस्त हैं और अन्य पूरी तरह से आधार को ही हटा देना चाहते हैं। परिवर्तन का यह वर्तमान समय बेचैनी वाली रुचि रखता है।

हाल ही का बीता हुआ समय भारतीय समकालीन विचारों के प्रवाह का थमा हुआ समय था, पर वह बाकी दुनिया से अलग-थलग नहीं था। पिछली तीन-चार शताब्दियों ने भारत और यूरोप के आपसी मेल-मिलाप को लेकर बहुत कहा है, परंतु अभी भी पूरी तरह से हमारी नजरों के सामने नहीं है। जहाँ तक भारत का संबंध है, यहाँ आलोचना सिर्फ अनुमानों के आधार पर हुई है।

किंतु इसके अलावा एक और पहलू भी है। व्यक्ति के विचारों के साथ उसके कार्यों में भी काफी हद तक गिरावट आई है। जहाँ तक संस्कृति और संपन्नता का संबंध है, इसमें चुनाव करने जैसा कुछ

भी नहीं है। अराजकता से आशय भौतिक परेशानियाँ, आर्थिक और सामाजिक खतरा एवं दूसरी तरफ भौतिक आराम, आर्थिक स्थिरता और सामाजिक शांति है, लेकिन आर्थिक कल्याण और सामाजिक व्यवस्था के साथ सभ्यता के स्तर को भ्रमित करना उचित नहीं है। उन्नीसवीं सदी की शुरुआत के भारतीयों की भावनाओं को महसूस करना आसान है, जिन्होंने पीढ़ियों के जन-संघर्ष और निजी पीड़ा के उपरांत ब्रिटिश शासन का स्वागत सुनहरे युग के रूप में किया था। इसके साथ ही हमें वर्तमान दौर के व्यक्तियों के प्रति सहानुभूति होनी चाहिए, जिनका आरामहीन मगर प्रसन्न जीवन शांति और व्यवस्था के बिना भी स्वतंत्र और आर्थिक स्थिरता के बिना भी अपने स्वयं के उद्धार के लिए कठिन परिश्रम के प्रति समर्पित है। यहाँ तक कि गैर-राजनीतिक गुण भी राजनीतिक स्वायत्तता के अभाव में विकसित नहीं होते। ब्रिटिश शासन ने भारत को सुरक्षा और शांति तो दी, परंतु इसमें बहुत कुछ बाकी था। यदि हम सर्वप्रथम किसी चीज को रखें तो वह है, आर्थिक स्थिरता और राजनीतिक सुरक्षा, हालाँकि आध्यात्मिक स्वतंत्रता भी आवश्यक है। आध्यात्मिकता भुला चुकी निरंकुश नौकरशाही की सत्यनिष्ठा और जानकारी लोगों को न तो समर्थ बना सकती है और न ही उनमें किसी तरह की जीवंतता ही प्रदान कर सकती है। जब जीवन का झरना सूखने लगता है, जिन आदर्शों के लिए सहस्राब्दियों से नस्लें संघर्षरत थीं एवं चेतना की चमक और मन का आनंद कम होने लगता है, तब इसमें कोई आश्चर्य नहीं है कि भारतीय चेतना वजन उठाने से नहीं, बल्कि बोझ तले ही दबती है। यहाँ ब्रिटेन के कार्यों की महत्ता की चर्चा व्यर्थ है, क्योंकि आध्यात्मिक गुणवत्ता का इतिहास गुजर चुका है। यदि वर्तमान पीढ़ी के नेता सिर्फ अतीत की प्रतिध्वनि से संतुष्ट होंगे, न कि किसी स्वतंत्र आवाज से तथा वह मौलिक विचारक न होकर सिर्फ बौद्धिक मध्यस्थ बने रहेंगे, तब यह एक शर्म का

विषय होगा। ब्रिटेन के लोग भारत के लोगों के दृष्टिकोण से परिचित थे, चाहे वे इसे बेचैनी, विद्रोह या चुनौती कहें। वे अपनी सभ्यता को महान् समझकर भारतीयों के पास लाए थे और उन्होंने महसूस किया कि इसे बिना हिचकिचाहट के ही ज्ञान और शिक्षा के क्षेत्र में देना चाहिए। किंतु भारत की इस साम्राज्यवादी नीति के प्रति कोई सहानुभूति नहीं थी। वह अपनी उन्हीं पुरानी परंपरा से चिपकी रही। जो भी व्यक्ति इसके अतीत के इतिहास से परिचित होगा, वह इसकी आध्यात्मिक स्थिति के बारे में सहानुभूति रख सकता है कि "प्रत्येक व्यक्ति अपने घर का स्वामी होता है। आंतरिक स्वतंत्रता में राजनीतिक हस्तक्षेप एक बड़ी अवमानना के रूप में देखा जाता है। स्वराज की माँग एक ऐसी बाह्य अभिव्यक्ति थी, जिसका संबंध आत्मा के संरक्षण की बेचैनी से था।

हालाँकि भविष्य उम्मीदों से भरा हुआ है। यदि भारत स्वयं में स्वतंत्रता हासिल करता है, तब पश्चिम से भारतीय मन को बहुत सहायता मिल सकती है। हिंदू विचार मुनरो मत के अनुसार नहीं बन सकता है। यहाँ तक कि प्राचीन काल में भी भारत ने आध्यात्मिक रूप से अपने लोगों को पूर्ण संतुष्ट किया था तथा अन्य लोगों की कल्पनाओं को भी नहीं नकारा था। भारत ने एथेंस की बुद्धिमत्ता का भी समर्थन करते हुए कहा था, "हम दूसरों के विचारों पर भी ध्यान देते हैं और जो हमसे असहमत होते हैं, हम उनसे भी मुँह नहीं मोड़ते हैं।" भारत के बाहर के प्रभाव के भय का अनुपात हमारी स्वयं की कमजोरी और आत्मविश्वास की चाहत के साथ भी है। यह भी सत्य है कि आज हमारे चेहरे पर दु:ख की लकीरें हैं और उम्र के साथ हमारे बाल भी सफेद हो चुके हैं। हममें से कुछ विचारकों के पास चिंतन की बेचैनी है और कुछ नकारात्मकता की ढलान पर हैं, और इस प्रकार हम बौद्धिक एकांतवासी बन चुके हैं। कुछ अस्वाभाविक परिस्थितियों के कारण पश्चिमी संस्कृति के साथ

असहयोग का समय गुजर चुका है। यह सब होने के बावजूद पश्चिमी संस्कृति की सराहना और इसे समझने की कोशिश जारी है। यदि भारत पश्चिमी सभ्यता के महत्त्वपूर्ण तत्त्वों से घुल-मिल जाता है, तब यह एक ऐसी समानांतर प्रक्रिया की पुनरावृत्ति ही होगी, जो कि भारतीय विचार के इतिहास में पहले भी कई बार हो चुकी है।

ऐसे बौद्धिक और कुलीन वर्ग के लोग जो कि पश्चिमी संस्कृति से अछूते रहे हैं और वे राजनीतिक मुद्दों में भी तटस्थ हैं, वे ईसाई धर्म सिद्धांत पर विश्वास नहीं करते हैं। इनके अनुसार उन्हें अब कुछ भी सीखना या त्यागना नहीं है, वे सिर्फ अतीत के शाश्वत धर्म पर अपनी नजरें गड़ाए अपने कर्तव्य का पालन कर रहे हैं। उन्हें लगता है कि अन्य बल कार्य कर रहे हैं और उनपर उनका नियंत्रण नहीं है तथा वह हमसे जीवन के भ्रम का सामना करने के लिए कहते हैं। यह वह वर्ग था, जो कि अच्छे समय में अधिक लोचदार और तार्किकता भरी दार्शनिकता के साथ धर्म की विवेचना करता था। इसने हमेशा विधर्मियों और अविश्वास करनेवालों के सम्मुख विश्वास का बचाव और इसकी व्याख्या की तथा इसके लिए प्रतीक का भी इस्तेमाल किया।

भारत के विचारक तर्क में विश्वास की महान् परंपरा के वारिस हैं। हमारे पुराने ऋषियों में नकल न करके कुछ रचित करने की भावना थी। वह अनुभवों की पहेलियों को हल करने और सत्य को नए क्षेत्रों में तलाशने के इच्छुक थे, जो कि हमेशा परिवर्तित होते रहते थे। इनकी विरासत इनकी सोच पर कभी हावी न हो सकी। हम अतीत के समाधान की नकल नहीं कर सकते हैं, क्योंकि इतिहास कभी भी स्वयं को दुहराता नहीं है। उन्होंने अपनी पीढ़ी के साथ जो कुछ भी किया, उसे पुनः दुहराने की जरूरत नहीं है। हमें अपनी आँखें खुली रखते हुए अतीत से प्रेरणा लेकर समस्याओं का समाधान तलाशना चाहिए। सत्य अपने आकार से

नहीं चिपका रहता है, वह हमेशा इसे परिवर्तित करता रहता है। यहाँ तक कि पुराने शब्द भी नए तरीकों से इस्तेमाल होते हैं। वर्तमान का दर्शन अतीत से न होकर वर्तमान से ही संबंधित रहता है। यह जीवन के साथ उतना ही मौलिक होगा, जितना यह अभिव्यक्त होता है। चूँकि वर्तमान अतीत की निरंतरता के साथ संलग्न है, इसलिए इसकी अतीत की निरंतरता के साथ असंबद्धता नहीं है। कुछ कट्टरपंथी यह तर्क देते हैं कि सत्य समय से प्रभावित नहीं होता है। इसे सूर्यास्त की सुंदरता या माँ का अपने बच्चे से प्रेम का स्थानापन्न नहीं बनाया जा सकता। सत्य अपरिवर्तनीय हो सकता है, परंतु यह जिस रूप में रहता है, उसमें परिवर्तन के तत्त्व मौजूद रहते हैं। हम अतीत से अपनी आत्मा तो ले सकते हैं, पर हम शरीर और धड़कन वर्तमान से ही लेते हैं। हम यह भूल चुके हैं कि आज का धर्म सदियों के परिवर्तन का उत्पाद है और इसका कोई कारण नहीं है कि लंबे समय से इसका रूप परिवर्तित क्यों नहीं हो सका। वैसे इसके साथ विश्वसनीयता बनाए रखना संभव है, फिर भी यह संपूर्ण आत्मा को विकृत कर सकता है। यदि दो हजार साल पहले के हिंदू ज्ञानी आज फिर सदियों के बाद फिर से धरती पर आ जाएँ, तब भी वे अपने पुराने सच्चे अनुयायियों को शायद ही यहाँ पाएँगे।

आज सहवर्धन की एक बहुत बड़ी मात्रा इकट्ठा हो गई है और इसने जीवन के मुक्त प्रवाह को अवरुद्ध कर दिया है। यह भी कह सकते हैं कि सड़ा हुआ अतीत किसी भी हाल में सहयोग नहीं कर सकता है, यह केवल बीमार की पीड़ा ही बढ़ाता है। रूढ़िवादी मस्तिष्क को परिवर्तन की जरूरत समझते हुए स्वयं को इसके लिए तैयार करना चाहिए। इसलिए हमें महसूस होता है कि दर्शन का परिक्षेत्र एक विचित्र छिद्रान्वेशी दूरदर्शिता और अदार्शनिक गुण का मिश्रण होता है। अत: भारतीय विचारकों को अपनी ऊर्जा का इस्तेमाल पुराने विश्वासों के

अस्थायी सहवर्धन को दूर करने तथा विज्ञान के साथ धर्म को जोड़ने एवं पुराने विश्वासों के आधार के विभिन्न प्रभावों को संगठित करने के लिए होना चाहिए, परंतु दुर्भाग्यवश कुछ परिषद् इन समस्याओं के समाधान तलाशने के बजाय अपने अनुकूल पुरातन विषयों में ही संलग्न रहते हैं। यह विशेषज्ञों का एक तरफ झुका हुआ क्षेत्र बन चुका है। राष्ट्र की धार्मिक शिक्षा का विकास नहीं हो सका है। ऐसा नहीं देखा गया है कि आध्यात्मिक विरासत पर कुछ लोगों का एकच्छत्र स्वामित्व है। यदि वर्तमान काल की मृत्यु से इसे बचाना है, तब विचारों को प्रसारित करना ही होगा। उपनिषद्, गीता, बौद्ध-वचन, जो कि मानव मन को समर्थ करते हैं, यदि मानव पर अपना प्रभाव न छोड़ें, तब यह आश्चर्य ही होगा। इससे पहले कि बहुत देर हो जाए, राष्ट्रीय जीवन को भारतीय विचारों के लिए पुनर्व्यवस्थित करना चाहिए। वैसे यह कोई नहीं बता सकता कि पुराने मजबूत पेड़ों पर फूल कब खिलेंगे या उनपर फल कब लगेंगे।

जिन लोगों पर पश्चिमी संस्कृति का अधिक प्रभाव नहीं पड़ा है, वे विचारों और व्यवहार के अर्थ में रूढ़िवादी हैं तथा कुछ ऐसे भी हैं, जो कि पश्चिमी विचार की पद्धतियों में शिक्षित हुए हैं, इन्होंने हताशा भरी स्वाभाविक तार्किकता के दर्शन को माना है तथा वह हमसे अतीत के भार से मुक्त होने के लिए भी कहते हैं। यह परंपराओं को बरदाश्त न करना और काल की बुद्धिमत्ता के प्रति संदेह दरशाता है। 'प्रगतिशीलों' का यह दृष्टिकोण आसानी से समझ में आ जाता है। भारत की आध्यात्मिक विरासत ने भारत की आक्रमणकारियों और इसे नष्ट करनेवालों से रक्षा नहीं की थी। ऐसा मालूम पड़ता है कि यह वर्तमान स्थिति के साथ त्रुटिपूर्ण भी थी या इसने इसे धोखा दिया था। यह सभी पश्चिम की भौतिक उपलब्धियों की नकल के प्रति उत्सुक थे और इन्होंने प्राचीन सभ्यता की जड़ों को नुकसान पहुँचाया, ताकि पश्चिम

से आनेवाली नवीनताओं को स्थान मिल सके। भारतीय विचार यहाँ के विश्वविद्यालयों में अध्ययन का स्थान अभी तक नहीं पा सका है और अभी भी विश्वविद्यालय के दर्शन शास्त्र के क्षेत्र में यह विषय महत्त्वहीन है। मैकाले की दी गई शिक्षा नीति का सांस्कृतिक महत्त्व एक तरफ से इस पर भार बढ़ाए हुए है। साथ-ही-साथ यह पश्चिमी संस्कृति को हमें न भूलने देने के लिए भी सजग है तथा इसने हमारी अपनी संस्कृति से हमें प्यार करने में भी हमारी सहायता नहीं की। कुछ हद तक मैकाले सफल हो गए, क्योंकि हमने भारतीयों को अंग्रेजों से भी अधिक अंग्रेज बनाने के लिए शिक्षित कर दिया है। स्वाभाविक रूप से ऐसे लोग भारतीय संस्कृति के इतिहास में तीव्र विदेशी आलोचना करने में साथ नहीं थे। इन्होंने भारतीय संस्कृति को असहमति, त्रुटि और अंधविश्वास के रूप में ही देखा। इनमें से कुछ लोगों ने यह भी घोषणा कर दी कि यदि भारत उन्नत होना चाहता है, तब इंग्लैंड उसकी 'आध्यात्मिक माता' और ग्रीस उसकी 'आध्यात्मिक नानी' होनी चाहिए। चूँकि इनका धर्म में विश्वास नहीं है, इसलिए वे हिंदू धर्म की जगह ईसाई धर्म का प्रस्ताव नहीं देते हैं। वर्तमान युग के भ्रम और पराजय के शिकार ये लोग भारतीय विचार के प्रति प्रेम को राष्ट्रवादी कमजोरी बताते हैं।

यह भी एक विचित्र घटनाक्रम है कि जब भारत का पश्चिम की नजरों में विकृत होना समाप्त हो रहा है, तब यह अपने ही बेटों की आँखों में वही बनना शुरू हो रहा है। पश्चिम ने भारत के दर्शन को बेकार, इसकी कला को बचकाना, इसकी कविता को प्रेरणाहीन और इसके धर्म को विकृत तथा नैतिकता को जंगली बताने की भरपूर कोशिश की थी। किंतु अब पश्चिम को महसूस हो रहा है कि उसकी सोच सही नहीं थी, जबकि हममें से कुछ का सोचना है कि वे बिल्कुल सही थे। यह भी सच है कि आज के इस युग में व्यक्ति को पुरानी संस्कृति में

नहीं ढकेला जा सकता है और उसे संदेह के खतरों से भी नहीं बचाया जा सकता, मगर हमें यह नहीं भूलना चाहिए कि हम एक बनी हुई नींव पर बेहतर इमारत बना सकते हैं, बजाय इसके कि हम पुरानी इमारत को ढहाकर नई नैतिकता और जीवन की इमारत बनाएँ। हम अपने जीवन के स्रोत से अलग नहीं हो सकते हैं। दार्शनिक योजनाएँ जीवन की उत्पाद हैं तथा हमारे इतिहास की विरासत वह भोजन है, जिस पर हम निर्भर हैं।

रूढ़िवादियों को प्राचीन विरासत की भव्यता और आधुनिक संस्कृति की ईश्वरविहीनता में विश्वास है और सुधारवादी भी प्राचीन विरासत की व्यर्थता और तार्किकता के स्वाभाविक मूल्यों पर यकीन करते हैं। इन दृष्टिकोणों पर बहुत कुछ कहा जा चुका है, परंतु भारतीय विचारों का इतिहास जब ठीक से पढ़ा गया, तब इसने हमें दोनों में ही त्रुटियाँ बताईं। जो लोग भारतीय संस्कृति को बेकार बताते हैं, वे इससे अनजान हैं और जो लोग इसे पूरी तरह से ठीक बताकर इसकी प्रशंसा करते हैं, वे भी इससे अनभिज्ञ हैं। सुधारवादी और रूढ़िवादी दोनों ही पुरानी शिक्षा और नई उम्मीद के लिए खड़े हैं। इन्हें एक-दूसरे के पास आना चाहिए और एक-दूसरे को समझना चाहिए। हम इस संसार में अपने आप अकेले नहीं जी सकते, जहाँ हवाई जहाज, स्टीमर, रेलवे और टेलीग्राफ जैसी चीजें सभी लोगों को आपस में एक-दूसरे से जोड़ रही हैं। हमारे विचारों की प्रक्रिया को दुनिया की प्रगति के साथ व्यवहार करना ही चाहिए। रुकी हुई व्यवस्था स्थिर जल की भाँति हानिकारक कीटाणु ही उत्पन्न करेगी, जबकि प्रवाहमयी नदियों का जल जीवन प्रदान करता हुआ प्रेरणा का स्रोत बनाएगा। अन्य लोगों की संस्कृतियों को अपनाने में कोई बुराई नहीं है, हमें केवल इसके अच्छे तत्त्वों को बढ़ाना और शुद्ध करके इसे अपनी अनुकूलता प्रदान करना है। इन तत्त्वों को मिलाने की सही पद्धति के बारे में गांधी, टैगोर, अरविंद घोष और भगवान दास ने लिखा भी है।

इनमें हम महान् संस्कृति की झलक भी देख सकते हैं। भारतीय अतीत की आदर्शवादी मानवता के साथ इन्होंने पश्चिमी विचारों की भी प्रशंसा की है। ये लोग प्राचीन जलस्रोत की शुद्ध नालियों के द्वारा भूखी और प्यासी धरती को सींचना चाहते थे, मगर हम जो भविष्य देखना चाहते हैं, वह व्यावहारिक रूप से अस्तित्व में नहीं है। राजनीतिक उत्साह का अभाव, जो कि भारत के बेहतरीन मस्तिष्क की ऊर्जा को भी अपने में समेट चुका है, परंतु नए विश्वविद्यालयों में भारतीय विचार के अध्ययन के बढ़ते जोर के साथ, जिसमें पुराने के साथ नए विचार भी शामिल हैं, यह शुभारंभ हो सकता है। संरक्षण का बल, जो कि जीवन की हिमायत करता है, वह आनेवाले दिनों में किसी तरह की उपलब्धियों की संभावना नहीं रखता है। आज भारतीय दर्शन के सामने समस्या यह है कि या तो इसे एक पंथ तक सीमित करके किसी क्षेत्र तक ही प्रतिबंधित कर दिया जाए, जिसका वर्तमान तथ्यों से संबंध न हो या फिर इसे जीवंत और वास्तविक बनाते हुए मानवीय प्रगति के साथ जोड़कर आधुनिक विज्ञान और भारतीय दार्शनिकों के आदर्श के बढ़ते ज्ञान के साथ मिलाया जाए। इन दोनों रूपों में भविष्यवाद वाले विचार के साथ बेहतर होगा। पुराने विचारों के साथ निष्ठा रखते हुए दर्शन का मिशन हमारे दृष्टिकोण को विस्तृत करना है। भारतीय दर्शन वर्तमान के साथ केवल तभी न्यायोचित होगा, जब यह जीवन को प्रगतिशील बनाने में सक्षम होगा। भारतीय दर्शन का विकास हमारा उत्साहवर्धन करता है। हमारे महान् विचारक, जैसे याज्ञवल्क्य, गार्गी, बुद्ध, महावीर, गौतम, कपिल, शंकर, रामानुज, माधव, वल्लभ और अनगिनत ऐसे लोगों ने इस राष्ट्र को वैचारिक समृद्धि प्रदान की है।

□□□